I0569511

PERFECT YOUR ™

آموزش زبان فارسی ۲

خواندن، نوشتن و درک مطلب مقدماتی

Perfect Your Persian 2

Beginner Reading, Writing, and Comprehension

تهیه و تدوین: مدرسه فارسی شیکاگو
Created by the Chicago Persian School

Chicago Persian School is a registered not-for-profit organization in the state of Illinois, USA, with the mission of providing a comprehensive education in Persian language and culture to any interested individual, regardless of their race, gender, nationality, religion, or ethnic background. Since 2007, Chicago Persian School has endeavored to offer a rich and innovative language curriculum to children and adult learners by cultivating their language comprehension, reading, writing, listening, and speaking skills, from beginner through advanced levels. Armed with years of experience in the field of bilingual education and a passion for preserving the Persian language and Iranian culture, Chicago Persian School has developed original Persian language textbooks and teaching approaches for heritage and non-heritage learners.

آموزش زبان فارسی ۲
خواندن، نوشتن و درک مطلب
مقدماتی

تهیه و تدوین: مدرسه فارسی شیکاگو
ناشر: مدرسه فارسی شیکاگو
شابک: ۱-۰-۹۹۰۱۰۷۶-۸-۹۷۹
چاپ اول، تابستان ۱۴۰۳
گروه نویسندگان: بهاره ملّا احمد،
صنم فیروزی، حمیده نوبهاری،
نگار منصوریان-هادوی
سایر همکاران: ثریا کندی،
مهوش کمونه
طرح روی جلد: سامان فرخاک
صفحه آرایی: استودیو آنچه (رامبد والا
و هلیا جلالی)
تصویرپردازی روی جلد: سارا آتش‌هوش
تصویرپردازی دروس: الهام نیکو
تصویرپردازی تمرین‌ها:
هوش مصنوعی، stability.ai
طراح قلم: بهمن اسلامی

Perfect Your Persian 2
Beginner Reading, Writing, and Comprehension

Created by the Chicago Persian School
Publisher: Chicago Persian School
ISBN: 979-8-9901076-0-1
First Edition, Summer 2024
Contributing Authors: Bahareh Molla Ahmad, Sanam Firoozi, Hamideh Nobahari, Negar Mansourian-Hadavi
Other collaborators: Soraya Kendy, Mahvash Kamouneh
Cover Design: Saman Farkhak
Layout Design: Unche Studio (Rambod Vala and Helia Jalali)
Cover Illustrations: Sara Atashhoosh
Lesson Illustrations: Ellie Nikoo
Illustrations for practices: AI generated, using stability.ai
Font Design: Bahman Eslami

Comprehensive lesson plan and teaching methodology tutorials for this textbook are available at **www.perfectyourpersian.com/online-products**

فهرست

جدول الفبای فارسی	۶	درس ۱۳ لباس‌های کوچک	۱۳۰
جدول صداهای فارسی	۷	درس ۱۴ ورزش	۱۴۴
درس ۱ تمرین‌هایِ یادآوری	۸	درس ۱۵ سقف سوراخ	۱۵۶
درس ۲ داستانِ من	۱۶	درس ۱۶ کجای خانه؟	۱۶۹
درس ۳ خانواده‌یِ من	۲۶	درس ۱۷ محله‌ی ما	۱۷۹
درس ۴ مهمانی	۳۶	درس ۱۸ ماشین خراب	۱۹۱
درس ۵ مامان‌بزرگ من	۴۶	درس ۱۹ دوست صمیمی	۲۰۳
درس ۶ حیوان خانگی	۵۸	درس ۲۰ دفتر اشتباهی	۲۱۳
درس ۷ زانوی زخمی	۷۰	درس ۲۱ سال نوی ایرانی	۲۲۵
درس ۸ خوراکی‌های خوشمزه	۸۰	درس ۲۲ فصل‌ها	۲۳۷
درس ۹ شام	۹۰	درس ۲۳ دکتر حیوان‌ها	۲۴۹
درس ۱۰ میوه‌ی تازه	۱۰۰	درس ۲۴ مسافرت	۲۶۱
درس ۱۱ مسواک من	۱۱۰	درس ۲۵ رنگین کمان	۲۷۱
درس ۱۲ شب طولانی	۱۲۰	درس ۲۶ روز آخر مدرسه	۲۸۳

PREFACE

This textbook represents the culmination of years of collaboration, innovation, and exploration by the dedicated Persian language educators at the Chicago Persian School. Through careful assessment of learning outcomes and numerous iterations of classroom methodologies, our team has crafted and refined this material to offer the most effective approach to learning the Persian language.

Designed specifically for school-age Persian language heritage learners, this textbook provides a beginner-level guide to Persian reading, writing, and comprehension. It aims to take learners from basic literacy to age-appropriate fluency, equipping them with the skills needed to read and write Persian correctly and confidently.

The textbook is organized into 26 meticulously designed lessons that focus on Persian reading and writing, with a special emphasis on vocabulary building, comprehension, and sentence structure. Lesson contents introduce topics relevant to everyday life, helping young learners apply their reading and writing skills in real-world contexts. Each lesson is followed by ample practice opportunities that offer both group learning activities and individual exercises.

The creators of this book very consciously endeavored to utilize existing novel research on language acquisition and bilingual education to complement the benefits derived from their years of experience in teaching Persian as a second language to heritage learners. In choosing the writing style, authors considered various expert recommendations for the possessive pronouns writing styles, such as «کتابم», or verbs such a «خوابم», and opted for a more classical approach, in favor of simplifying. Familiar to general colloquial language users, the writing style for the earlier examples are written as «کتابم» and «خوبم».

Although the authors have diligently strived to ensure accuracy and clarity in every aspect of this textbook, suggestions for improvements are most welcome. The ultimate goal is to establish this book as a comprehensive resource for Persian literacy for anyone throughout the world who is interested.

اِسم: _____

جدول الفبا

آ	—	ـا	ا
بـ	ـبـ	ـب	ب
پـ	ـپـ	ـپ	پ
تـ	ـتـ	ـت	ت
ثـ	ـثـ	ـث	ث
جـ	ـجـ	ـج	ج
چـ	ـچـ	ـچ	چ
حـ	ـحـ	ـح	ح
خـ	ـخـ	ـخ	خ
د	—	ـد	د
ذ	—	ـذ	ذ
ر	—	ـر	ر
ز	—	ـز	ز
ژ	—	ـژ	ژ
سـ	ـسـ	ـس	س
شـ	ـشـ	ـش	ش
صـ	ـصـ	ـص	ص
ضـ	ـضـ	ـض	ض
طـ	ـطـ	ـط	ط
ظـ	ـظـ	ـظ	ظ

جدول الفبا

عـ	ـعـ	ـع	ع
غـ	ـغـ	ـغ	غ
فـ	ـفـ	ـف	ف
قـ	ـقـ	ـق	ق
کـ	ـکـ	ـک	ک
گـ	ـگـ	ـگ	گ
لـ	ـلـ	ـل	ل
مـ	ـمـ	ـم	م
نـ	ـنـ	ـن	ن
و	ـو	ـ	و
ه	ـهـ	ـه	ه
یـ	ـیـ	ـی	ی

جدول صداها

اَ	ـَ	ـ	ـ
اِ	ـِ	ـه	ه
اُ	ـُ	ـ	ـ
آ	ـ	ـا	ا
او	ـ	ـو	و
ایـ	ـیـ	ـی	ی

درس ۱ تَمرین‌هایِ یادآوری

۱. خانه‌های خالی جدول زیر را به ترتیب حروف الفبای فارسی پر کن.

1. Fill out the missing letters according to the order of the Persian alphabets.

			ث				ا
		ژ				د	
ق				ظ			
ی			ن				ک

					پـ		آ
				ر			
			عـ				
یـ							

۲. خودت را به همکلاسی‌هایت معرفی کن و اسم آنها را یاد بگیر. سوال‌های زیر را از ۲ یا ۳ همکلاسی بپرس:

2. Introduce yourself to your class-mates and learn their names. Ask the following questions from 2 or 3 of your classmates:

۱. دَرچه کِشوَری به دُنیا آمَدَند؟

۲. چَند تا خواهَر یا بَرادَر دارنَد؟

۳. چه وَرزِشی دوست دارَند؟

۴. حِیوان خانِگی دارنَد؟

۳. با شکل درست حروف و صدا کلمه بنویس.

3. Use the correct form of the letter or vowel to create a word.

	اِ + س + م
	س + ـَ + ل + ا + م
	ف + ا + ر + س + ی
	م + ـَ + د + ر + ـِ + س + ـِ
	د + ـَ + ر + س

۴. با هر یک از صداهای زیر یک کلمه بنویس.

4. Write a word with each of the following vowels.

اَ	______	آ	______
اِ	______	ای	______
اُ	______	او	______

۵. کلمات زیر را مانند نمونه بخش کن و صداهایشان را بنویس.

5. Break down each word to its sound components, like the example.

سَلام

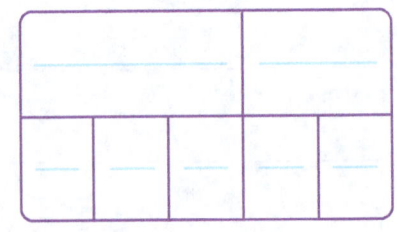

سَ		لام		
سـ	َ	لـ	ـا	م

پِسَر

کِلاس

جَدید

دُختَر

آمَد

۶. شکل درست صدای «او» را مانند نمونه در کلمات زیر بنویس.

6. Write the correct form of «او» to complete the word, like the example.

بـو	مـ___ش	ر___باه
کـ___ه	اَبر___	جار___
مـ___	شـ___ر	د___د
ر___ز	جـ___جه	لیمـ___

۷. در هر ردیف به تعداد عدد نوشته شده صورت‌ها را رنگ کن.

9. Color as many smiley faces as the number shown in each row.

۱	☺	☺	☺	☺	☺	☺	☺	☺	☺
۴	☺	☺	☺	☺	☺	☺	☺	☺	☺
۷	☺	☺	☺	☺	☺	☺	☺	☺	☺
۳	☺	☺	☺	☺	☺	☺	☺	☺	☺
۵	☺	☺	☺	☺	☺	☺	☺	☺	☺
۹	☺	☺	☺	☺	☺	☺	☺	☺	☺
۲	☺	☺	☺	☺	☺	☺	☺	☺	☺
۸	☺	☺	☺	☺	☺	☺	☺	☺	☺
۶	☺	☺	☺	☺	☺	☺	☺	☺	☺

7. Practice writing numbers 1 to 10 in Persian.

۸. نوشتن اعداد ۱ تا ۱۰ فارسی را تمرین کن.

۱ ۱ ۱

۲ ۲ ۲

۳ ۳ ۳

۴ ۴ ۴

۵ ۵ ۵

۶ ۶ ۶

۷ ۷ ۷

۸ ۸ ۸

۹ ۹ ۹

۱۰ ۱۰ ۱۰

۹. کلمات زیر را با توجّه به صدای آخر آنها دسته بندی کن.

8. Sort the following words in the table according to their last sound.

سِتاره کاسه نوشابه کوتاه ماه

دَه جوجه پَرَنده سیاه روباه

صدای ه (H)	صدای اِ (E)

مشق

۱. خانه‌های خالی جدول را با عددهای فارسی از کوچک به بزرگ پر کن.

1. Fill out the missing numbers, from smallest to largest.

۱									۱۰

۲. صداهای هر کلمه را مانند نمونه جدا کن و بنویس.

2. Like the sample, sound out each word and write them down.

بَرادَر	ر	َ	د	ا	ر	َ	ب
ایران							
ماما‌ن							
کِتاب							
بُزُرگ							

3. Re-arrange the words to create meaningful sentences.

۳. کلمات را مرتّب کن و جمله‌ی معنی‌دار بنویس.

اِمروز / اَست. / سَرد

کِتاب / مَن / دارَم. / فارسی

سَلام / به/ گَرد. / مَن / دوستَم

کِلاس / بُزُرگ / اَست. / ما

برادَر / مَن / دارَم.

درس ۲ داستانِ مَن

اِسمِ مَن دِنا اَست.

مَن هَشت ساله هَستَم.

اِسمِ بَرادَرِ مَن سام اَست.

او دو سال اَز مَن بُزُرگتَر اَست.

اِسمِ پَرَندهٔ مَن تی‌تی اَست.

تی‌تی هَدیهٔ تَوَلُّدِ مَن اَست.

آیا می‌دانی؟ هَشت ساله هَستَم = هَشت سال دارَم = هَشت سالَمه

هر کلمه را بخوان و یک بار بنویس:

مَن	تو	او

ما	آنها	اِسم

سال	سِن	بُزُرگ

کوچَک	کَم	زیاد

تمرین

۱. اسم، روز تولّد، و سن خودت را در جدول زیر بنویس. بعد از همکلاسی‌هایت بپرس و جواب آنها را هم با اسمشان در جدول بنویس.

1. Write your name, birthday, age, and your favorite pastime hobby in the table. Then ask the following questions from your classmates and write their answers in the table.

- تَوَلُّدَت چه روزی اَست؟
- چَند سالَت اَست؟
- سَرگَرمیِ موردِ عَلاقه‌اَت چیه؟

اِسم	روزِ تَوَلُّد	سِن	سَرگَرمیِ موردِ عَلاقه

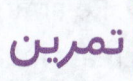

۲. کلمات را مرتّب کن و جمله‌ی معنی‌دار بنویس.

2. Re-arrange the words to create meaningful sentences.

مَن / دِنا / اَست. / اِسم

بَرادَر / سام / مَن / اَست. / اِسم

اَز / مَن / اَست. / سام / بُزُرگتَر

دارَم. / پَرَنده / یِک / مَن

دوست دارَم. / تی‌تی / مَن / را

۳. کلمات زیر را در جدول پیدا کن.

3. Find the following words in the letter grid, like the example.

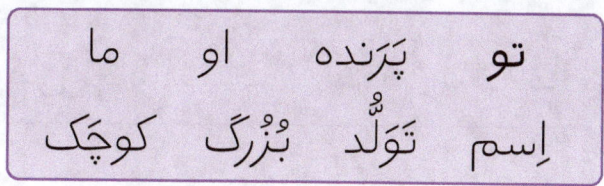

تو پَرَنده او ما

اِسم تَوَلُّد بُزُرگ کوچَک

ا	س	م	ت	و	ز
و	ب	ک	و	چ	ک
ف	ز	م	ل	ش	ت
پ	ر	ن	د	ه	و
ب	گ	م	ا	ض	س

۴. شکل درست صدای «اُ» را مانند نمونه در کلمات زیر در جای مناسب بنویس.

4. Complete each word by writing the correct form of «اُ», like the example.

اُتو	کمَک	درست	تند
پشت	ردَک___	بز	فتاد___
تَوَلّد	برد	مید___	دم

۵. با استفاده از کلمات زیر جمله‌ها را کامل کن.

5. Write the correct words to complete the sentences.

مَن   او   شُما   آنها   تو   ما

______ به سام بَستَنی دادَم.

______ به مَدرِسه‌یِ فارسی می‌رَوی؟

______ یک کتاب دارَد.

______ به پارک رَفتیم.

______ فارسی بَلَد هَستید؟

______ با مَن وَ سام بازی کَردَند.

6. Practice writing numbers 11 to 20.

۶. نوشتن اعداد ۱۱ تا ۲۰ را تمرین کن.

۱۱ ۱۱ ۱۱

۱۲ ۱۲ ۱۲

۱۳ ۱۳ ۱۳

۱۴ ۱۴ ۱۴

۱۵ ۱۵ ۱۵

۱۶ ۱۶ ۱۶

۱۷ ۱۷ ۱۷

۱۸ ۱۸ ۱۸

۱۹ ۱۹ ۱۹

۲۰ ۲۰ ۲۰

مشق

1. Record your voice as you read the lesson and send the audio file to your teacher.

۱. متن درس را با صدای بلند بخوان و صدای خود را برای معلّمت ضبط کن.

2. Fill in the blanks using the correct words.

۲. متن زیر را با کلمات مناسب کامل کن.

شُکُلاتی	او	هَدیه	تَوَلُّد	شَمع

دیروز ________ آن پِسَر بود.

________ دَه ساله شُد.

بابا بَرایِ او یِک توپ فوتبال ________ گِرِفت.

کِیکِ تَوَلُّدِ او ________ بود.

رویِ کِیک ۱۰ تا ________ بود.

۳. کلمات مخالف را به هم وصل کن.

3. Connect the opposites.

بُزُرگ ○	○ گرم
نَزدیک ○	○ بُلَند
کَم ○	○ کوچَک
سَرد ○	○ دور
کوتاه ○	○ زیاد

۴. در هر جدول، اعداد را به ترتیب از کوچک به بزرگ مرتّب کن و بنویس.

4. Re-arrange and write the numbers from smallest to largest, in the 2nd row of each table.

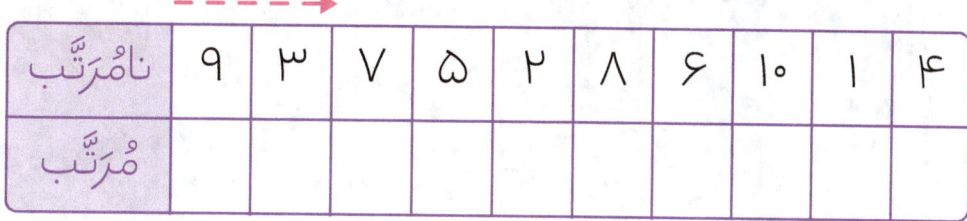

نامُرَتَّب	۹	۳	۷	۵	۲	۸	۶	۱۰	۱	۴
مُرَتَّب										

نامُرَتَّب	۱۲	۱۸	۱۱	۱۵	۱۹	۱۷	۲۰	۱۳	۱۶	۱۴
مُرَتَّب										

درس ۳ خانِوادەیِ مَن

اِسمِ مامانِ مَن تَرانه اَست.

اِسمِ بابایِ مَن عَلی اَست.

دیشَب، مامان وَ بابا به مِهمانی رَفتَند.

خاله لیلی با مَن وَ سام دَر خانه بود.

خاله لیلی خواهَرِ مامان اَست.

ما سه‌تایی با هَم آواز خواندیم.

آیا می‌دانی؟

مامان = مادَر
مامانِ مَن = مامانَم

بابا = پِدَر
بابایِ مَن = بابام

هر کلمه را بخوان و یک بار بنویس:

بابا	مامان	خواهَر
بَرادَر	خانِواده	زِندِگی
حِیوانِ خانِگی	دُختَر	پِسَر
خانه	بَچّه	پیر

تمرین

۱. جدول زیر را دربارهٔ خواهر و برادر خودت کامل کن (اگر خواهر یا برادر نداری، بنویس «ندارم»). شبیه همین جدول را در دفتر بکش و از هم‌کلاسی‌هایت دربارهٔ خواهر و برادرشان سوال کن.

1. Complete the table, using the information about your own siblings. If you do not have a sibling, write «ندارم». Interview your classmates and write their responses in a similar table in your notebook.

	بَله/نه	چَندتا	سِن	اِسمِ آنها
خواهَر				
بَرادَر				

۲. در بعضی کلمات فارسی «خوا» می‌نویسیم، امّا «خا» می‌خوانیم، مثل: «خواب» که «خاب» خوانده می‌شود. حالا ترکیب کن و کلمه بساز.

2. Some Persian words are written with «خوا», but read as «خا». Like «خواب» that is read «خاب». Now, combine and read the following.

خوا + هَر ← ____________

خوا + هِش ← ____________

خوا + بید ← ____________

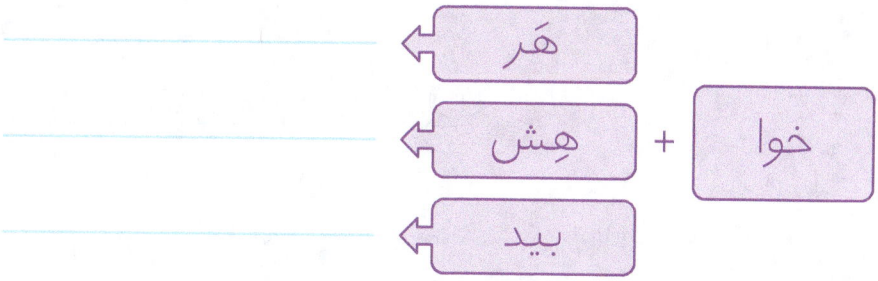

۳. کلمات زیر را بخوان و دسته‌بندی کن.

3. Read each word and sort in the table.

خواهَر	خاموش	خانِواده	خواندَن
خواهِش	خواب	خاله	خانه

خوا	خا

۴. کلمات به هم ریخته را مرتّب کن و جملات معنی‌دار بساز.

4. Re-arrange the words to create meaningful sentences.

اِسم / اَست. / تَرانه / مَن / مامان

دارَد. / یِک / بابای / مَن / بَرادَر

خواهَر / خاله لیلی / هَستَند. / مامانَم وَ

اَز / خاله لیلی / کوچِکتَر / مامانِ من / اَست.

۵. با استفاده از کلمات جدول زیر را
کامل کن.

5. Complete the crossword,
using the word key.

۱. بابا

۲. مامان

۳. بَرادَر

۴. دِنا

۵. خواهَر

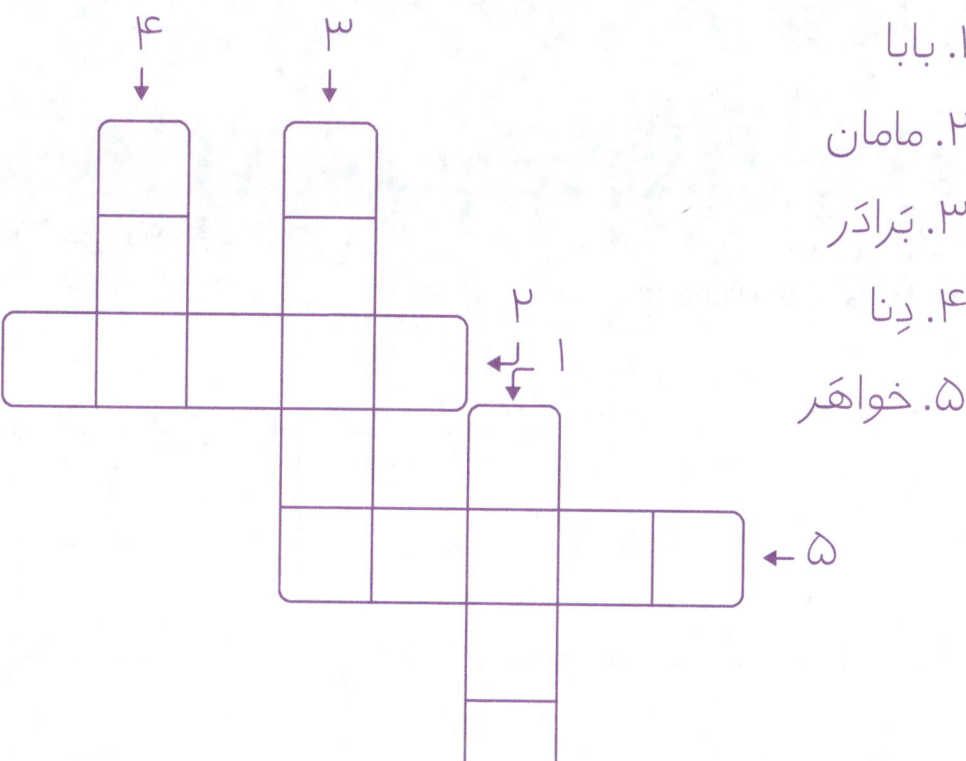

۶. جاهای خالی را با کلمات مناسب پر کن.

6. Fill in the blanks using the correct words.

بَستَنی	مامان	خواب	می‌خوانَد	خواهَرَم

مَن با ______ دَر حَیاط توپ بازی کَردَم.

دیروز ______ به مَن دیکته گُفت.

خاله لیلی بَرایِ ما ______ خَرید.

بَرادَرَم ______ بود.

بُلبُل آواز ______ .

۷. جدول اعداد زیر را کامل کن.

7. Fill out the missing numbers, from smallest to largest.

١				۵				٩	
	١٢						١٨		

8. Connect the words that are related.

۸. کلمات مرتبط را به هم وصل کن.

آب	سَگ
خواب	خوانَنده
آواز	شَب
اُستِخوان	رودخانه
خواهَر	خانِواده

مشق

۱. متن درس را با صدای بلند بخوان و صدای خود را برای معلّمت ضبط کن.

1. Record your voice as you read the lesson and send the audio file to your teacher.

۲. بعد از اینکه از روی درس خواندی، مانند دنا چهار جمله درباره‌ی خانواده‌ی خودت بنویس. حدّاقل ۳ تا از کلمات زیر را هم در جمله‌هایت به کار ببر:

2. After you read the lesson, like Dena, write 4 sentences about your family, using at least 3 of the following words.

مامان	بابا	خواهَر	بَرادَر

3. Circle the word that its writing is different compared to the rest.

۳. دور کلمه‌ای که مدل نوشتنش با بقیه فرق دارد خط بکش.

خوانَنده	خانِواده	خوابید
خواهِش	می‌خواستَم	خواهَر

4. Add 2 to each number from left to right and write the missing ones.

۴. به هر عدد ۲ تا اضافه کن و جدول زیر را کامل کن.

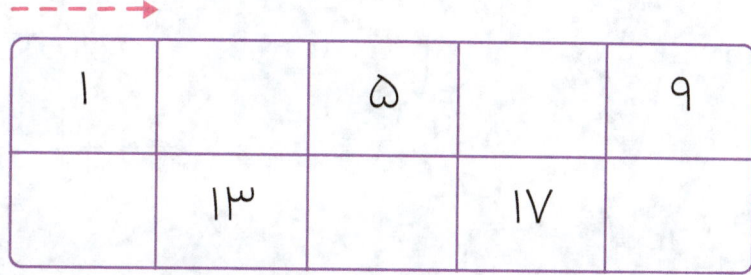

۱		۵		۹
	۱۳		۱۷	

دیروز تَوَلُّدِ سام بود.

خانه‌یِ ما پُر اَز مِهمان بود.

مامان گُفت: بیا سَلام کُن.

مَن اَز مِهمان‌ها خِجالَت کِشیدَم.

سام اَوَّل سَلام کَرد.

مَن چِشم‌هایَم را بَستَم وَ بُلَند داد زَدَم "سَلام".

خاله لیلی هَم بُلَند گُفت: سَلام، چِطوری؟

چِطوری؟ = چِطور هَستی؟

حالِت چِطوره؟ = حال تو چِطور اَست؟

خوبَم = خوب هَستَم

هر کلمه را بخوان و یک بار بنویس:

سَلام

اَحوال پُرسی

خُداحافِظی

تَشَکُّر

مَمنون

جَشن

تَوَلُّد

مِهمانی

هَدیه

کِیک

بادکُنک

شَمع

تمرین

۱. تصویر زیر را نگاه کن و در مورد یک تولد خیالی با دوستانت حرف بزن.

1. Look at the picture and talk about an imaginary birthday with your friends.

2. When there is a « ّ » sign on top of a letter, that letter is pronounced with more emphasis. Now, read the following words and place« ّ » on top of the correct letter.

۲. در زبان فارسی وقتی علامت « ّ » تشدید روی یک حرف قرار می‌گیرد، آن حرف با تاکید بیشتر خوانده می‌شود. حالا کلمه‌های زیر را بخوان و علامت « ّ » را در جای لازم بنویس.

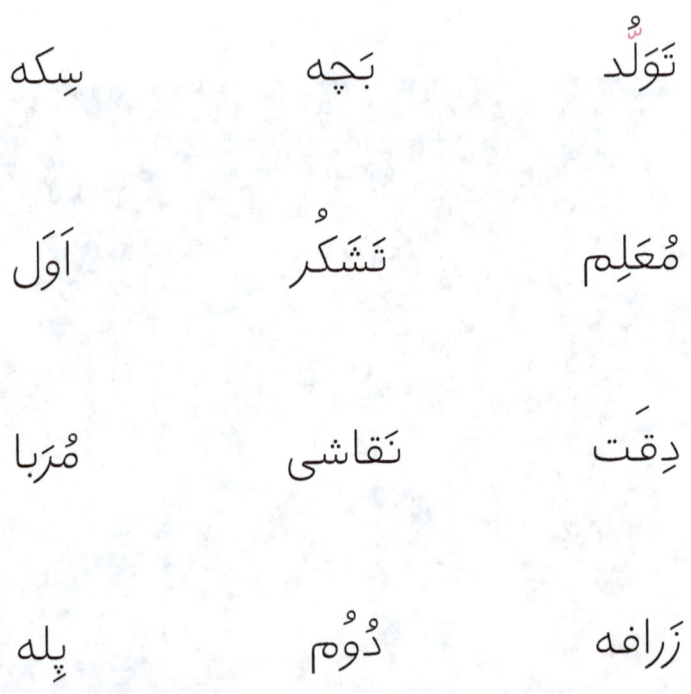

سِکه	بَچه	تَوَلُّد
اَوَل	تَشَکُر	مُعَلِم
مُرَبا	نَقاشی	دِقَت
پِله	دُوُم	زَرافه

3. Circle the words that are related to Persian greetings.

۳. دور کلماتی که به سلام و احوال‌پرسی ربط دارند خط بکش.

تَشَکُّر	چِطوری	خانه	سَلام
مِداد	مَمنون	خوبَم	میز

4. Fill out the grid, like the example. ۴. جدول را با کلمات زیر مانند نمونه کامل کن.

زِمِستان	دِرَختان	نَمَکدان
داستان	دوستان	خواندَن

ز					
م					
س					
ت					
ا					

ن

5. Practice writing these numbers in words.

۵. از روی اعداد زیر به حروف بنویس.

۱	یِک	یِک
۲	دو	دو
۳	سه	سه
۴	چهار	چهار
۵	پَنج	پَنج

6. Choose 3 words and create 3 sentences.

۶. ۳ کلمه انتخاب کن و ۳ جمله بساز.

تَوَلُّد	سَلام	خُداحافِظ
کِیک	تَشَکُّر	هَدیه

7. Re-arrange the words to create meaningful sentences.

۷. کلمات به‌هم ریخته را مرتّب کن و جملات معنی‌دار بساز.

دوستَم / اَز/ خُداحافِظی / کَردَم. / مَن

سارا / اَست. / مَن / اِسم

چِطوره؟ / حالِ / شُما

خوبی / داشته باشی. / روز

۸. با گذاشتن شماره ۱ تا ۵ کنار جملات، مکالمه‌ی به‌هم ریخته‌ی زیر را مرتّب کن.

8. Re-arrange this conversation to correct order, by adding numbers 1 to 5 next to the sentences.

مِرسی، خوبَم ◯

سَلام ◯

تو چِطوری؟ ◯

خوبَم ◯

حالِت چِطوره؟ ◯

مشق

۱. متن درس را با صدای بلند بخوان و صدای خود را برای معلّمت ضبط کن.

1. Record your voice as you read the lesson and send the audio file to your teacher.

۲. چهار کلمه بنویس که در آن‌ها تشدید به کار رفته باشد.

2. Write 4 words that have « ّ ».

_____   _____

_____   _____

3. Write 3 sentences about your biggest wish for your birthday.

۳.۳ جمله درباره‌ی بزرگترین آرزویی که برای تولّدت داری بنویس.

_____

_____

_____

_____

4. Fill out the blanks by entering numbers or words.

۴. جاهای خالی را با عدد یا حروف پر کن.

یِک	
	۲
	۳
چهار	
	۵

سلام

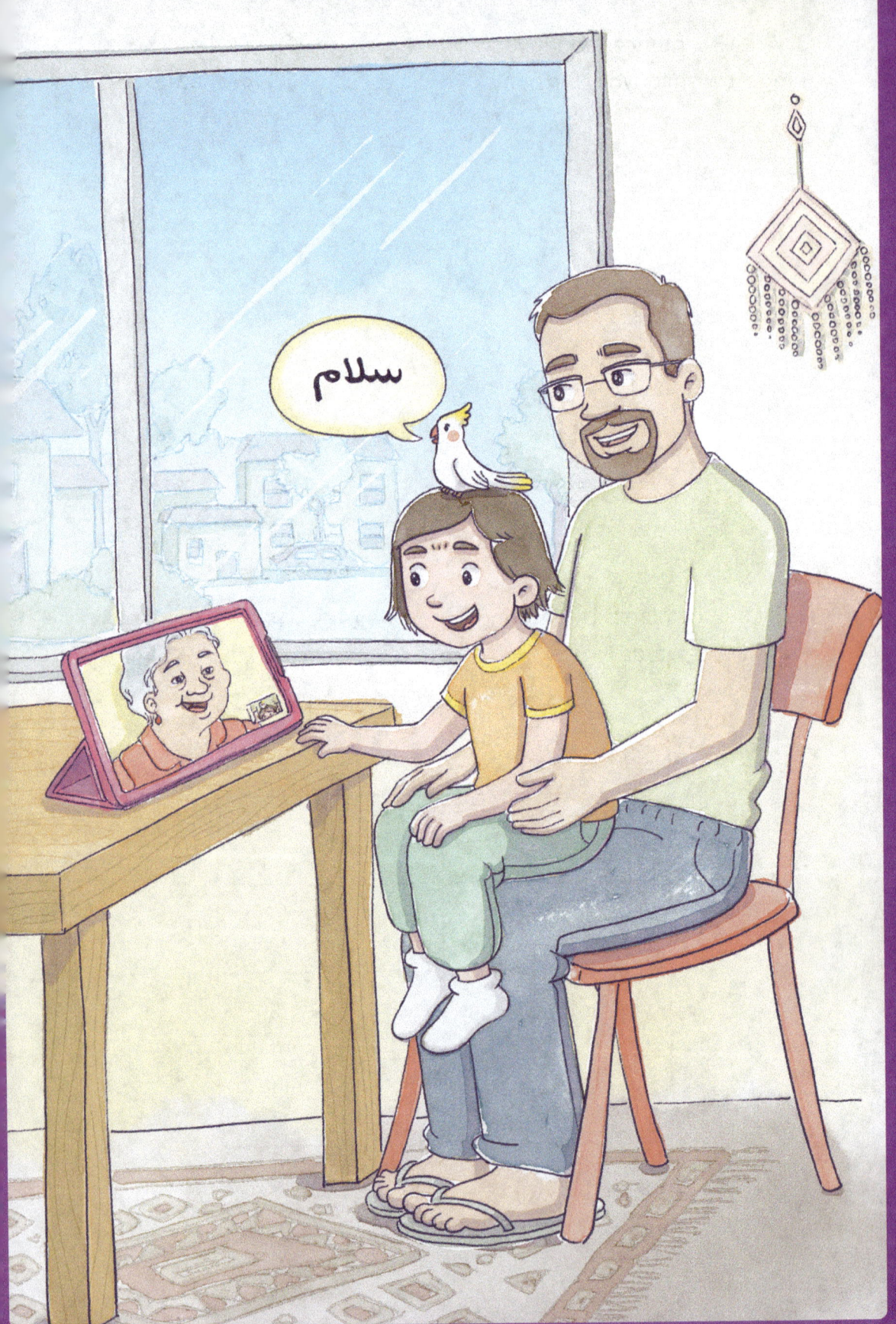

درس ۵ مامان‌بُزُرگِ مَن

اِمروز مامان پوری تِلِفُن زَد.

مامان پوری مامان‌بُزُرگِ مَن اَست.

او خِیلی مِهربان اَست.

مَن تی‌تی را به مامان پوری نِشان دادَم.

تی‌تی گُفت: سَلام.

مامان پوری گُفت: تی‌تی فارسی بَلَد اَست؟

گُفتَم: بَله، مَن مُعَلِّمِ فارسیِ تی‌تی هَستَم.

آیا می‌دانی؟

زَنگ زَد = تِلِفُن کَرد

فارسی بَلَد اَست = فارسی می‌دانَد

خاله = خواهَرِ مامان

دایی = بَرادَرِ مامان

عَمّه = خواهَرِ بابا

عَمو = بَرادَرِ بابا

هر کلمه را بخوان و یک بار بنویس:

مامان‌بُزُرگ	بابابُزُرگ	نَوه

خاله	دایی	عَمو

عَمّه	فامیل	مَرد

زَن	خانُم	آقا

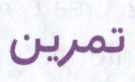

تمرین

۱. جدول زیر را دربارهٔ فامیل خودت کامل کن (اگر خاله، عمّه، عمو یا دایی نداری، بنویس «ندارم»).
شبیه همین جدول را در دفترت بکش و از همکلاسی‌هایت دربارهٔ فامیل‌شان سوال کن.

1. Complete the following table about your relatives (if you do not have aunts or uncles, write «ندارم».) Now ask your classmates about their relatives and write their responses in a similar table in your notebook.

	بَله/نه	چَندتا	اِسم
خاله			
دایی			
عَمّه			
عَمو			

۲. نمودار زیر را درباره‌ی فامیل خودت کامل کن.

2. Create your family tree by adding information about your relatives.

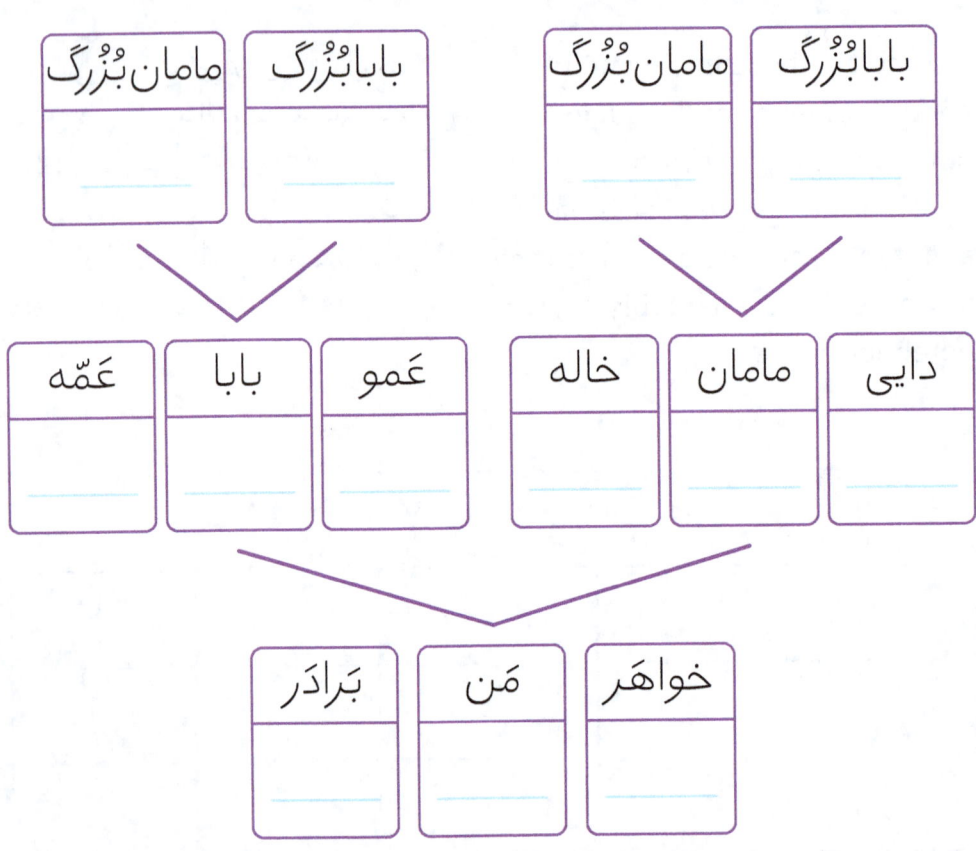

۳. جاهای خالی را پر کن.

3. Fill in the blanks.

- بَرادَرِ بابا ← ______
- خواهَرِ بابا ← ______
- خواهَرِ مامان ← ______
- بَرادَرِ مامان ← ______
- مامانِ بابا ← ______
- بابایِ مامان ← ______

۴. کلمات زیر را در جدول پیدا کن.

4. Find each word in the following letter grid.

خاله	عَمّه	عَمو
دایی	فامیل	دُختَر
خواهَر	زَن	نَوه
پِسَر		بَرادَر

د	خ	ت	ر	م	ا
ا	پ	ا	ز	ن	ب
ی	س	ه	ل	و	ر
ی	ر	ع	م	ه	ا
ف	ا	م	ی	ل	د
ج	خ	و	ا	ه	ر

۵. در الفبای فارسی صدای حروف «ح» و «ه» شبیه هم است. کلمات زیر را در جدول دسته‌بندی کن.

5. Letters «ح» and «ه» have a similar sound in Persian (H). Sort the words in the table accordingly.

هَواپیما ماه حَرف

حِیوان هَویج حَمّام

هَفته حالا نُه

صُبح

ه	ح

6. Practice writing these numbers in words.

۶. از روی اعداد زیر به حروف بنویس.

۶	شِش	شِش
۷	هَفت	هَفت
۸	هَشت	هَشت
۹	نُه	نُه
۱۰	دَه	دَه

7. Write the opposite for each word.

۷. مخالف کلمات زیر را بنویس.

شَب ≠ ______ بُزُرگ ≠ ______

آسان ≠ ______ سَرد ≠ ______

تَمیز ≠ ______ خواب ≠ ______

8. Create a short story about the picture, using the following words.

۸. برای این تصویر یک داستان بساز و از کلمه‌های زیر هم استفاده کن.

مامان‌بُزُرگ	نَوه	بابابُزُرگ

مشق

۱. متن درس را با صدای بلند بخوان و صدای خود را برای معلّمت ضبط کن.

1. Record your voice as you read the lesson and send the audio file to your teacher.

۲. عدد قبل و بعد هر یک از اعداد زیر را بنویس.

2. Write the numbers that come before and after each of these numbers.

	۱۹	

	۸	

	۱۳	

	۱۶	

	۱۰	

	۱۷	

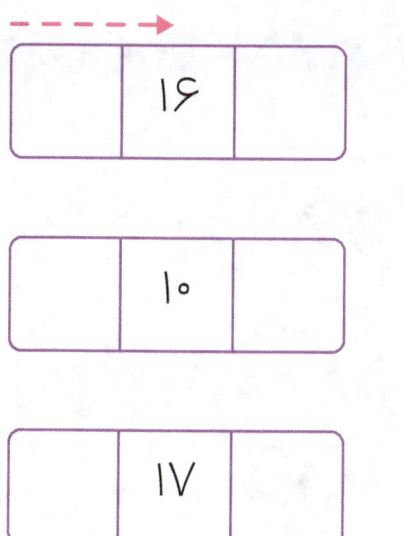

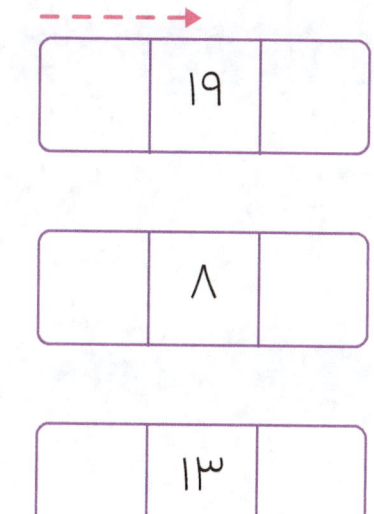

3. Create a sentence for each pair.   ۳. برای هر ترکیب جمله بساز.

 + مامان‌بُزُرگ

 + عَمّه

 + عَمو

 + دایی

 + خاله

۴. جملات زیر را بخوان و هر کدام را که درست است علامت (✓) بزن.

4. Mark the sentences that are correct.

○ به خواهَرِ مامان، خاله می‌گویَند.

○ به بَرادَرِ بابا، دایی می‌گویَند.

○ به بابایِ مامان، مامان‌بُزُرگ می‌گویَند.

○ به بَرادَرِ بابا، عَمو می‌گویَند.

○ سام، نَوه‌یِ مامان پوری اَست.

درس ۶ حِیوانِ خانِگی

مَن سَگِ خاله لیلی را خِیلی دوست دارَم.

اِسمِ او بَرفی اَست.

بَرفی خِیلی مِهرَبان اَست.

دیشَب مَن خانه‌یِ خاله لیلی خوابیدَم.

صُبح یِک چیزی پایِ مَن را قِلقِلک داد.

با تَرس اَز خواب پَریدَم.

خاله لیلی گُفت: نَتَرس! بَرفی صُبح‌ها هَمه را بیدار می‌کُنَد.

آیا می‌دانی؟ اَز خواب پَریدَم = اَز خواب بیدار شُدَم

هر کلمه را بخوان و یک بار بنویس:

خوشحالی

ناراحَتی

تَرس

تَعَجُّب

بی‌حوصِلِگی

خَستِگی

عَصَبانیَّت

نِگَرانی

خِجالَت

مِهرَبانی

شادی

عَجَله

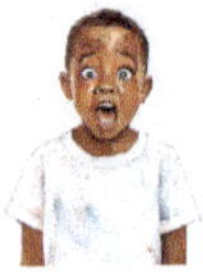

تمرین

۱. در مورد تصاویر زیر با همکلاسی‌هات صحبت کن و یک داستان با استفاده از این کلمات بساز:

Discuss these pictures with your classmates and create a story that uses the following words:

تنها	خجالت	خوشحال	مهربان

۲. کلمه‌های هم‌معنی را به هم وصل کن.

2. Connect the synonyms.

شادی ○	○ خِیلی
بیمار ○	○ خوشحالی
زیاد ○	○ مَریض
زیبا ○	○ قَشَنگ

۳. در هر دسته، دور کلمه‌ای که با بقیه مربوط نیست خط بکش.

3. In each set, circle the word that is unrelated to others.

⇦	شادی	تَرس	تَعَجُّب	زَمین
⇦	خِجالَتی	خوشحال	صَندَلی	بی‌حوصِله
⇦	ناراحَت	پَنجِرِه	خَسته	عَصَبانی

۴. جدول زیر را کامل کن.

4. Complete the crossword puzzle, using the clues.

۱. صُبح نیست.

۲. پُر نیست.

۳. خوشحال نیست.

۴. خواب نیست.

۵. حوصِله نَدارَد.

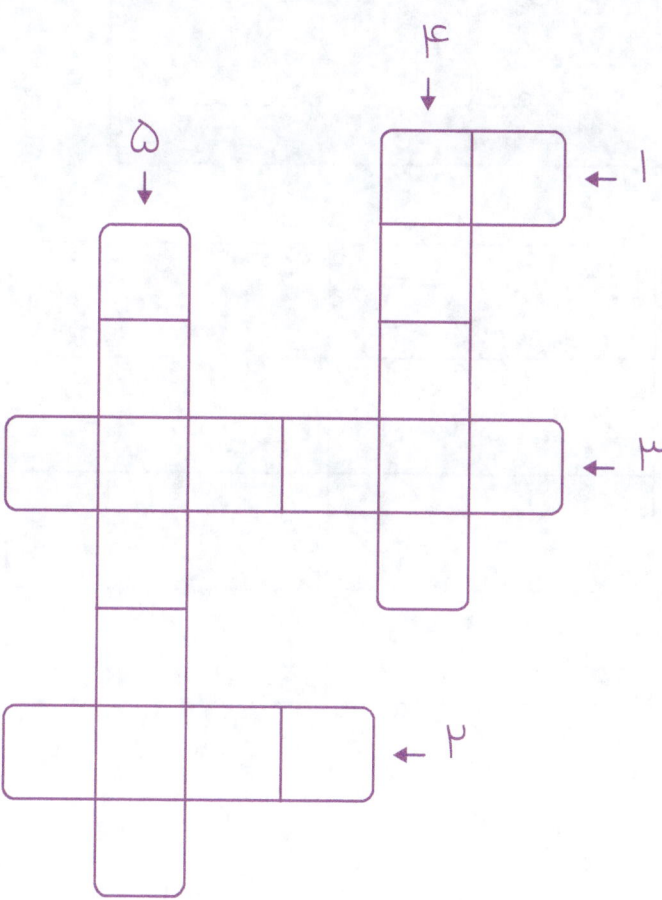

۵. در الفبای فارسی صدای حروف «س»، «ص»، و «ث» مثل هم است. حالا کلمات زیر را بخوان و با توجّه به حرف اوّل آن در جدول زیر دسته‌بندی کن.

5. Letters «ث» ,«ص» ,«س» have a similar sound in Persian (S). Sort the words in the table accordingly.

سِکّه	صورَتی	ثُرَیّا
سَرما	صابون	ساکِت
صَندَلی	ثانیه	ثَبتِ‌نام

س	ص	ث

۶. جملات به هم ریخته را مرتّب کن.

6. Re-arrange the words to create meaningful sentences.

تَرسیدَم. / اَز / بوق / مَن / صِدای

دوست دارم. / بَرادَرَم / را / مَن

ماشین / بابا / سَوار / شُد. / باعَجَله

شوخی / مَن / شُدَم. / اَز / عَصَبانی / سام

۷. جاهای خالی را با کلمات زیر پر کن.

7. Fill in the blanks using the correct words.

خَسته شُد	نِگران شُدَم	گِریه کَرد
تَعَجُّب کَردَند	بی‌حوصِله	خِجالَت کِشید

سام دیروز مَریض وَ ________ بود.

مامان پوری ________ وَ رویِ صَندَلی نِشَست.

مَن ________، چون مامان دیر آمَد.

سارا دَر پارک زَمین خورد وَ ________.

وَقتی تی‌تی گُفت «سَلام»، هَمه‌یِ مِهمان‌ها ________.

۸. از روی اعداد زیر به حروف بنویس.

8. Practice writing the words for these numbers.

۱۱	یازدَه	یازدَه
۱۲	دَوازدَه	دَوازدَه
۱۳	سیزدَه	سیزدَه
۱۴	چهاردَه	چهاردَه
۱۵	پانزدَه	پانزدَه

مشق

۱. متن درس را با صدای بلند بخوان و صدای خود را برای معلّمت ضبط کن.

1. Record your voice as you read the lesson and send the audio file to your teacher.

۲. با کلمات زیر جمله بساز.

2. Use each word to make a
sentence.

خوشحالی

ناراحَت

تَرس

خِجالَت

خَستِگی

۳. شکل درست حروف را در جاهای خالی بنویس.

3. Write the correct form of the right letter in the blank.

صُبـ___انه (ه - ح)

خوشـ___ال (ه - ح)

مِـ___ل (ث - ص)

عَـ___بانی (ث - ص)

___ورَتی (س - ص)

حِـ___ادَت (ص - س)

فَـ___ل (ث - ص)

مُـ___لَّث (ص - ث)

۴. اعداد زیر را به حروف بنویس.

4. Write each number in words.

۵	
۶	
۷	
۸	
۹	
۱۰	

اِمروز دَر مَدرِسه تُند دَویدَم.

پایِ مَن به سَنگ خورد.

با دو دَستَم زَمین اُفتادَم.

زانوهایَم خِیلی دَرد گِرِفت.

دوستَم کُمَکَم کَرد.

پُرسید: چی شُد؟ پایَت شِکَست؟

گُفتَم: نَه، فَقَط زَخم شُد.

چی شُد؟ = چه خَبَر شُد؟
زانوهایَم = زانوهایِ مَن
دَهان = دَهَن
بینی = دَماغ

هر کلمه را بخوان و یک بار بنویس:

صورَت

گردَن

گوش

بینی

زَبان

دَندان

چِشم

اَبرو

مو

اَنگُشت

ناخُن

زانو

تمرین

۱. در تصویر زیر به شکل، رنگ، اندازه و حالت موی بچّه‌ها نگاه کن و با همکلاسی‌هایت صحبت کن. درباره‌ی رنگ، اندازه، و حالت موی خودت ۲ جمله بنویس.

1. Look at the diversity of hair colors, types, and style in the picture and discuss it with your classmates. Write 2 sentences about your own hair.

2. Answer the questions.

۲. به سوالات زیر جواب بده.

پِکی اَز اَعضایِ بَدَن که حَرفِ اَوَّلِ آن «گ» اَست.

پِکی اَز اَعضایِ بَدَن که حَرفِ آخَرِ آن «ت» اَست.

پِکی اَز اَعضایِ بَدَن که حَرفِ اَوَّلِ آن «ز» اَست.

3. Find the following words in the letter grid.

۳. کلمات زیر را در جدول پیدا کن.

سَر	پا	گوش	گَردَن
بینی	چِشم	زانو	اَنگُشت

ز	پ	ا	س	ر
ا	ن	گ	ش	ت
ن	ف	ر	و	چ
و	ت	د	ع	ش
ب	ی	ن	ی	م

۴. در الفبای فارسی صدای حروف «ز»، «ض»، «ذ» و «ظ» مثل هم است. حالا هر شکل را به صدای درست آن وصل کن.

4. Letters «ز»، «ض»، «ذ» and «ظ» have a similar sound in Persian. Connect each picture to the correct letter.

   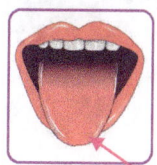

ذ	ض	ظ	ز

   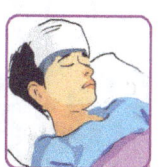

5. Write the names of the related body parts in blanks.

۵. جملات زیر را با نام اعضای بدن کامل کن.

با ＿＿＿＿＿＿ می‌نِویسیم.

با ＿＿＿＿＿＿ راه می‌رَویم.

با ＿＿＿＿＿＿ غَذا می‌خوریم.

با ＿＿＿＿＿＿ می‌بینیم.

با ＿＿＿＿＿＿ می‌شِنَویم.

با ＿＿＿＿＿＿ بو می‌کُنیم.

6. Connect the first and second parts of each sentence.

۶. قسمت اوّل و دوّم هر جمله را به هم وصل کن.

مامان عِینک را ○　　○ دِراز اَست.

هَر دَستِ مَن ○　　○ خِیلی قَوی اَست.

موی مامان بزرگ ○　　○ به چِشمَش زَد.

گَردَنِ زَرّافه ○　　○ سِفید اَست.

بینیِ سَگ ○　　○ ۵ اَنگُشت دارَد.

7. Circle the correct number. ۷. دور عدد صحیح خط بکش.

هَشت	۹	۸	۱۲
یازدَه	۱۱	۷	۱۳
پانزدَه	۵	۱۲	۱۵
دَه	۱۰	۵	۱۴
چهار	۶	۱۱	۴
دَوازدَه	۱۳	۸	۱۲

مشق

1. Record your voice as you read the lesson and send the audio file to your teacher.

۱. متن درس را با صدای بلند بخوان و صدای خود را برای معلّمت ضبط کن.

2. Write the name of each body part next to the arrows.

۲. کنار هر علامت اسم هر عضو بدن را بنویس.

۳. در هر دسته، دور کلمه‌ای که با بقیّه مربوط نیست خط بکش.

3. In each set, circle the word that is unrelated to others.

دَست	زَبان	ذُرَّت	صورَت
زَخم	ریاضی	دُکتُر	مَریض
ظُهر	عَصر	نَظم	صُبح
غَذا	پَذیرایی	زانو	لَذیذ

۴. اعداد زیر را به حروف بنویس.

4. Write each number in words.

۱۱	
۱۲	
۱۳	
۱۴	
۱۵	

پسته
لواشک
پشمک

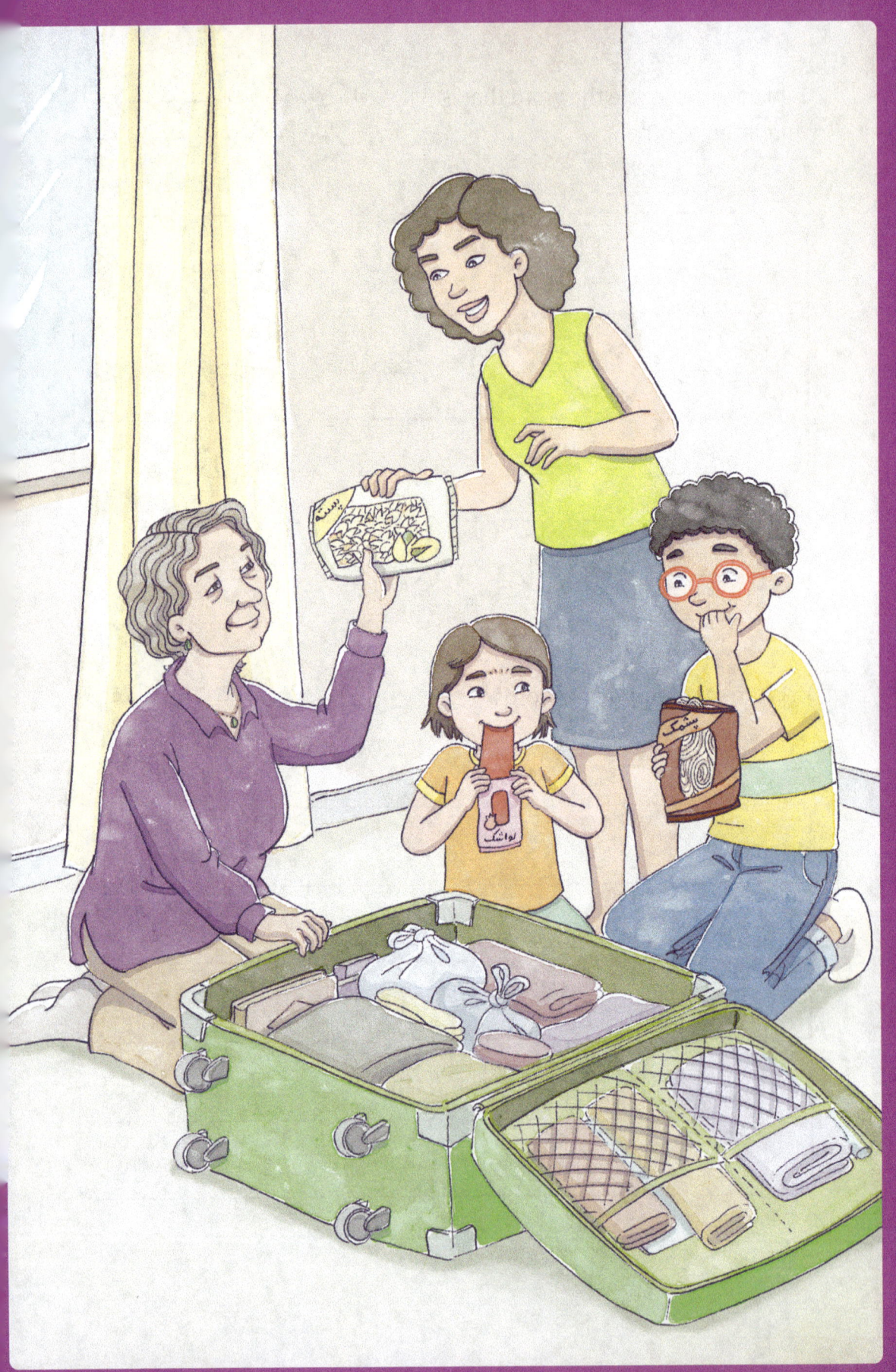

درس ۸ خوراکی‌هایِ خوشمَزه

مامان‌بُزُرگِ مَن اِمروز اَز ایران آمَد.

مامان شیرین بَرایِ ما لَواشَک، پِسته، وَ

پَشمَک آوَرد.

من مَزه‌یِ هَمه‌یِ خوراکی‌ها را دوست دارَم.

اَمّا سام فَقَط پَشمَکِ شیرین دوست دارَد.

مَن خوشحال شُدم و گُفتَم: هَمه‌یِ لَواشَک‌هایِ

تُرش مالِ مَن اَست.

مامان خَندید وَ گُفت: پِسته‌هایِ شور هَم

مالِ مَن اَست.

آیا می‌دانی؟	خوراکی = خوردَنی = غَذا دیدَن = نِگاه کَردَن	شِنیدَن = گوش کَردَن

هر کلمه را بخوان و یک بار بنویس:

شیرین

شور

تُرش

تَلخ

تُند

مَزه

بو

صِدا

نَرم

سَرد

گَرم

داغ

تمرین

۱. با همکلاسی‌هایت درباره‌ی مزه‌های مورد علاقه‌شان صحبت کن.

1. Discuss with your classmates about your favorite flavors.

- چه مَزه‌هایی را بیشتَر دوست داری؟
- چه مَزه‌هایی را کمتَر دوست داری؟
- آیا دوست داری مَزه‌هایِ جَدید را اِمتِحان کُنی؟

۲. کلمات مخالف را به هم وصل کن.

2. Connect the opposites.

خوشمَزه ○	○ سَرد
پُرصِدا ○	○ بَدبو
داغ ○	○ بَدمزه
سِفت ○	○ نَرم
خوشبو ○	○ کم‌صِدا

3. Combine to create new words.

۳. ترکیب کن و کلمه را بنویس.

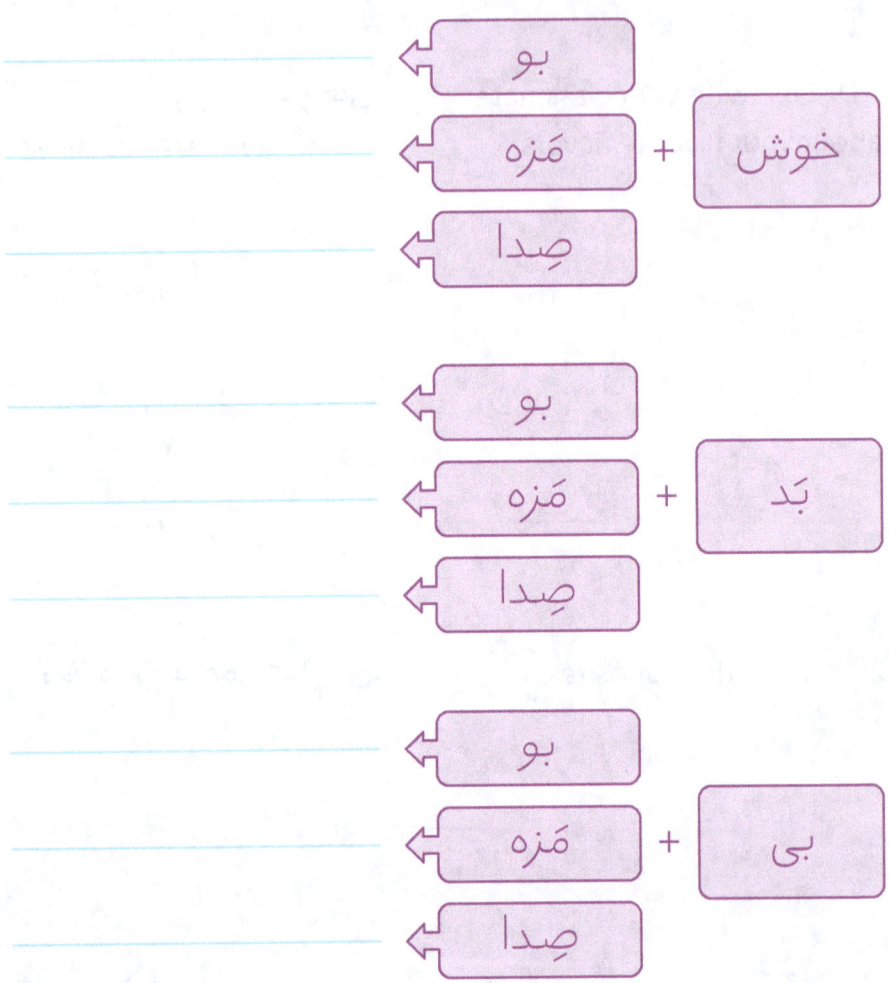

خوش	+	بو	______
		مَزه	______
		صِدا	______
بَد	+	بو	______
		مَزه	______
		صِدا	______
بی	+	بو	______
		مَزه	______
		صِدا	______

4. Write the correct words in blanks to create meaningful sentences.

۴. جملات زیر را با کلمه‌های مناسب کامل کن.

- عَسَل ______ اَست. (شیرین - شور)

- مَن پیاز دوست نَدارَم چون ________ اَست.

(تُند - تَلخ)

- مامان پِسته‌یِ ________ دوست دارَد.

(شور - تَلخ)

- این پُرتِقال خِیلی ________ اَست.

(تُند - تُرش)

- گُلِ یاس ________ اَست. (خوشبو - بَدمَزه)

۵. کلمات هم‌معنی را به هم وصل کن.

5. Connect the words with similar meanings.

شِنید ○	○ حَرف زد
دید ○	○ یاد گِرِفت
گُفت ○	○ گوش کَرد
فَهمید ○	○ نِگاه کَرد

6. In each set, circle the word that does not match the category.

۶. در هر دسته، دور کلمه‌ای که به موضوع مربوط نیست خط بکش.

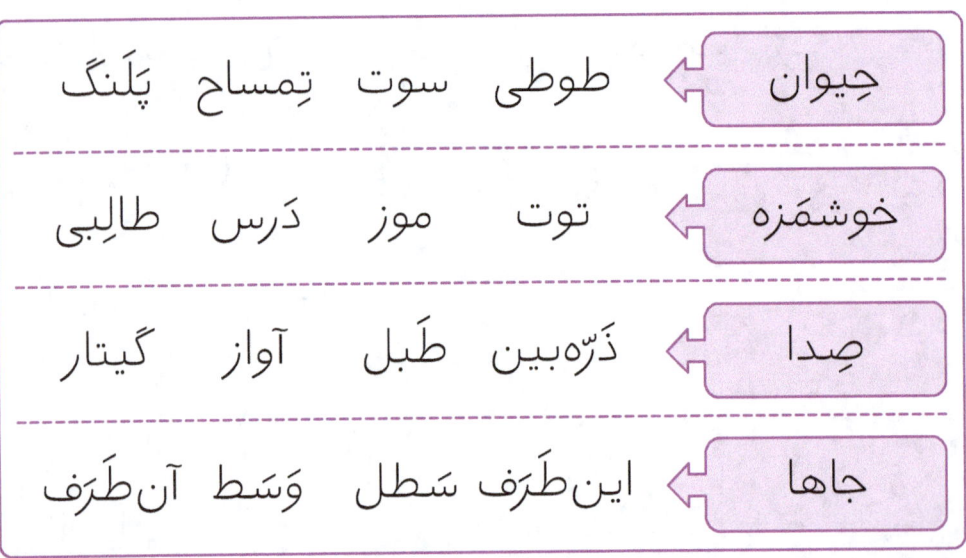

حِیوان	طوطی سوت تِمساح پَلَنگ
خوشمَزه	توت موز دَرس طالِبی
صِدا	ذَرّه‌بین طَبل آواز گیتار
جاها	این‌طَرَف سَطل وَسَط آن‌طَرَف

7. Letters «ت» and «ط» have a similar sound in Persian (T). Now, read and connect the words that are related to each other.

۷. در الفبای فارسی صدای حروف «ت» و «ط» مثل هم است. حالا کلمات مرتبط را به هم وصل کن.

دایِره ⭘   ⭘ تاب

صِدا ⭘   ⭘ طوطی

طاووس ⭘   ⭘ طَبل

حَیاط ⭘   ⭘ مُستَطیل

۸. از روی اعداد زیر به حروف بنویس.

8. Practice writing these numbers in words.

۱۶	شانزدَه	شانزدَه
۱۷	هِفدَه	هِفدَه
۱۸	هِجدَه	هِجدَه
۱۹	نوزدَه	نوزدَه
۲۰	بیست	بیست

مشق

۱. متن درس را با صدای بلند بخوان و صدای خود را برای معلّمت ضبط کن.

1. Record your voice as you read the lesson and send the audio file to your teacher.

2. Sort the words in the table, according to their tastes.

۲. هر خوراکی را زیر مزه‌ی آن بنویس.

بَستَنی	فِلفِل	شِکَر	نَمَک
لیمو	پُرتِقال	پیاز	چیپس

شیرین	شور	تُند	تُرش

3. Write a word for each letter, then create a sentence with that word.

۳. با هر یک از حروف زیر یک کلمه بنویس و با هر کلمه یک جمله بساز.

ط ________ ______________________

ت ________ ______________________

ظ ________ ______________________

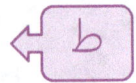

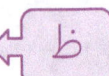

ض ____ ________________

ز ____ ________________

ذ ____ ________________

4. Fill out the blanks by writing numbers or words.

۴. جاهای خالی را با عدد یا حروف پر کن.

یازدَه	
	۱۲
	۱۳
چهاردَه	
پانزدَه	
	۱۶
هِفدَه	
هِجدَه	
	۱۹
بیست	

آش

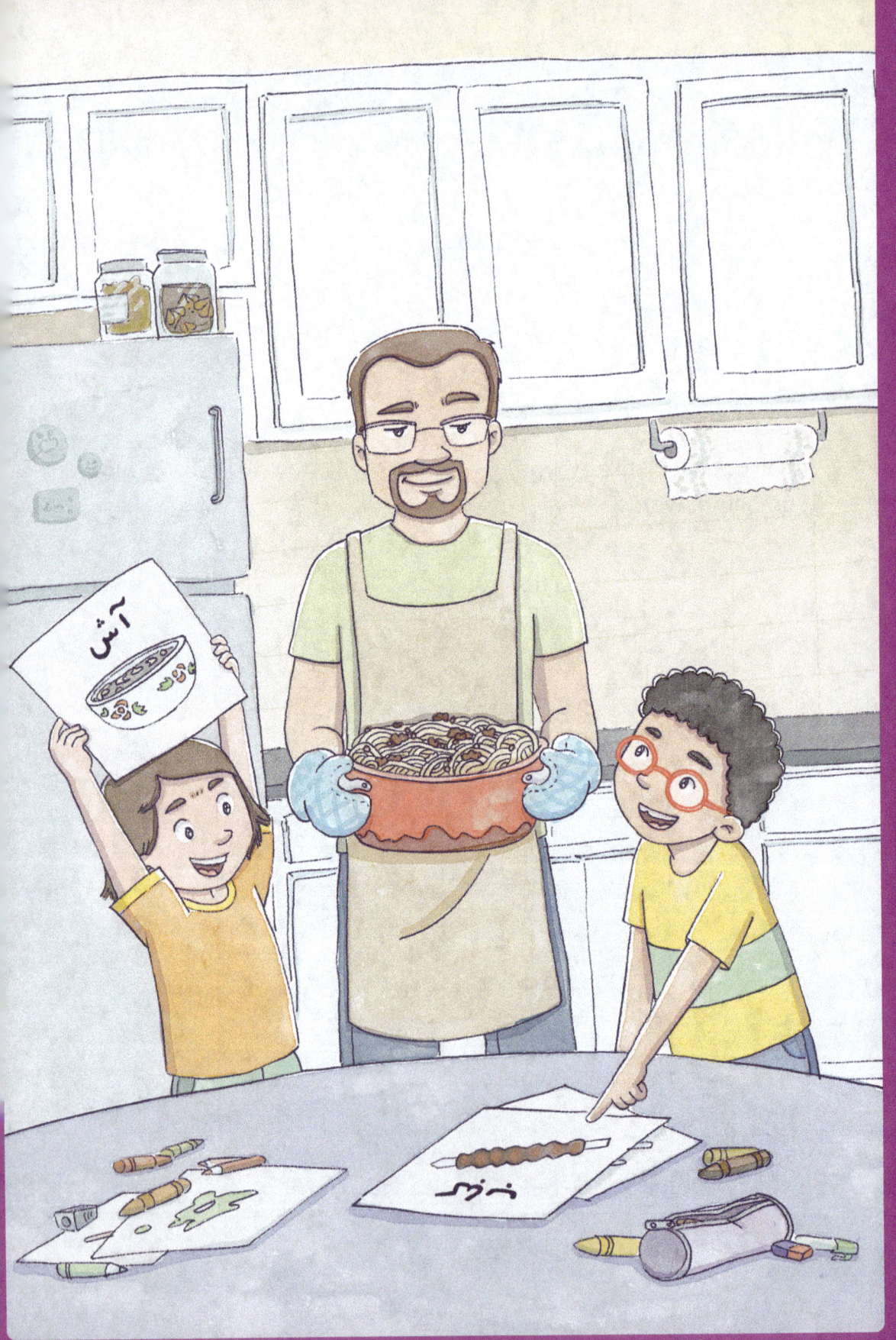

درس ۹ شام

اِمروز دَر مَدرِسه گُرُسنه شُدَم.

به خانه رِسیدَم. مامانَم سَرِ کار بود.

به بابا گُفتَم: آش بِپَز.

سام گُفت: کَباب بِهتَر اَست.

بابا گُفت: بَلَد نیستَم.

او بَرایِ ما ماکارونی پُخت.

ما با هَم شام خوردیم.

بابا گُفت: مَن بایَد غَذایِ ایرانی یاد بِگیرَم.

غذا بِپَز = غذا دُرُست کُن
غذا پُخت = غذا دُرُست کَرد
بِرِنجِ پُخته شُده = پُلو

هر کلمه را بخوان و یک بار بنویس:

بِرِنج

نان

ماهی

گوشت

مُرغ

تُخمِ مُرغ

ماست

شیر

مُرَبّا

کَره

پَنیر

عَسَل

تمرین

۱. با همکلاسی‌هایت در باره‌ی خوراکی‌های مورد علاقه‌تان صحبت کنید.

1. Discuss your favorite foods with your classmates.

- چه غَذاهایی دوست داری؟
- چه میان‌وَعده یا دِسِری دوست داری؟
- چه نوشیدَنی‌هایی دوست داری؟
- غَذایِ ایرانیِ موردِ عَلاقه‌اَت چیست؟

۲. دسته‌بندی کن.

2. Categorize the words in the table.

گُل	عَطر	ماست
آژیرِ پُلیس	زَنگِ مَدرِسه	تُخمِ‌مُرغ

بو کَردَنی	شنیدَنی	خوردَنی

3. Discuss this picture with your
classmates and create a story.

۳. درباره‌ی تصویر زیر با
همکلاسی‌هایت صحبت کن و یک
داستان بساز.

4. Letters«ق» and«غ» have a similar sound in Persian (gh). Connect the pictures to the correct letters.

۴. در الفبای فارسی صدای حروف «ق» و «غ» مثل هم است. حالا هر شکل را به حرف درست وصل کن.

ق غ

5. Write down what you typically eat for breakfast, lunch and dinner, in the following table.

۵. برای صبحانه، ناهار و شام چه خوراکی‌هایی می‌خوری؟ آن‌ها را در جدول بنویس.

شام	ناهار	صُبحانه

6. In each set, circle the word that does not match the category.

۶. در هر دسته، دور کلمه‌ای که به موضوع مربوط نیست خط بکش.

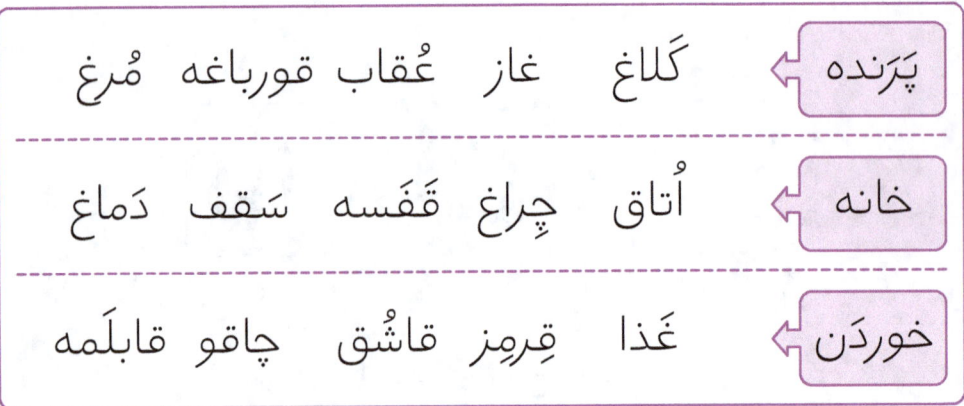

پَرَنده	گَلاغ	غاز	عُقاب	قورباغه	مُرغ
خانه	اُتاق	چِراغ	قَفَسه	سَقف	دَماغ
خوردَن	غَذا	قِرمِز	قاشُق	چاقو	قابلَمه

7. Practice writing numbers 21 to 25, in Persian.

۷. از روی اعداد زیر بنویس.

۲۱ ۲۱ ۲۱

۲۲ ۲۲ ۲۲

۲۳ ۲۳ ۲۳

۲۴ ۲۴ ۲۴

۲۵ ۲۵ ۲۵

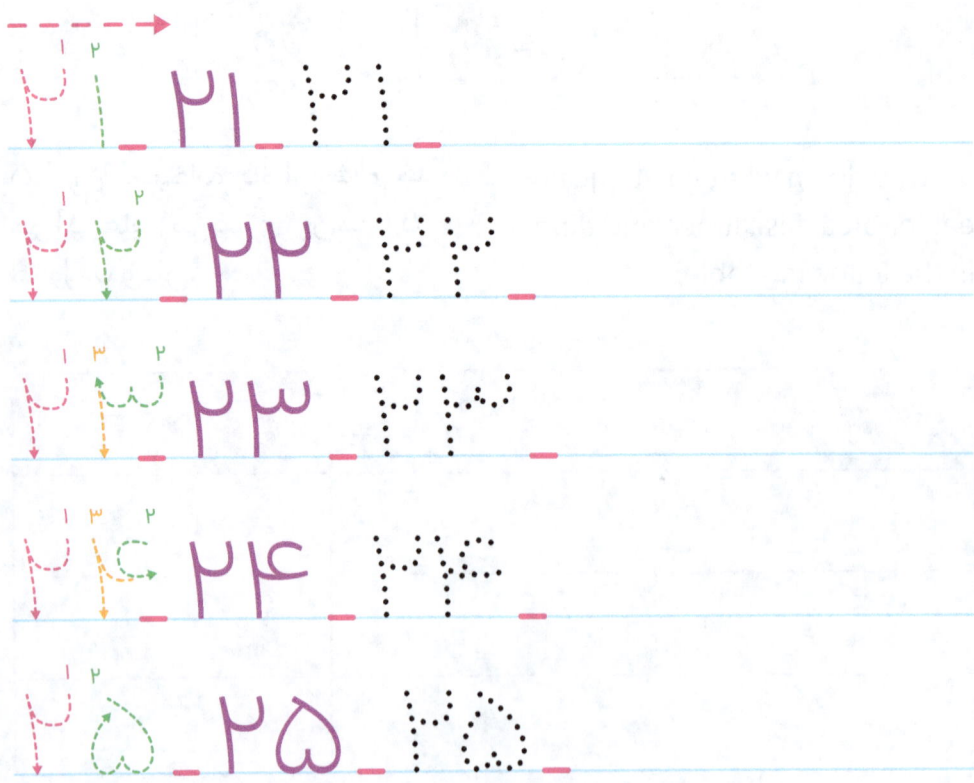

8. Write the name of your favorite food and its ingredients.

۸. بنویس که غذای مورد علاقه‌ات چیست و از چه چیزهایی درست می‌شود.

مشق

۱. متن درس را با صدای بلند بخوان و صدای خود را برای معلّمت ضبط کن.

1. Record your voice as you read the lesson and send the audio file to your teacher.

۲. جاهای خالی را با توجّه به شکل پر کن.

2. Use the pictures to write the correct words in the blanks.

- مَن هَر روز صُبحانه ______ وَ ______ می‌خورَم.

- اَمّا سام ______ وَ ______ می‌خورَد.

- مامان بَرایِ ناهار ______ وَ ______ دُرُست کَرد.

۳. جملات به‌هم ریخته را مرتّب کن.

3. Re-arrange the words to create meaningful sentences.

دارَم. / غَذایِ ایرانی / مَن / دوست

گباب / با / می‌خورَم. / پُلو/ مَن

صُبحانه / خورد. / شیر/ سام

مامان/ ناهار/ آش / برای / پُخت.

۴. جدول زیر را کامل کن.

4. Complete the table by adding the missing numbers.

۱۶			۱۹	

۲۱		۲۳		۲۵

درس ۱۰ میوه‌ی تازه

مَن سَرما خوردَم.

با بابا به دُکتُر رَفتَم.

خانُم دُکتُر گُفت: ویتامینِ «ث» بَرایَت خوب اَست.

دَر میوه‌ها پِیدا می‌شَوَد.

پُرسیدَم: کُدام میوه؟

دُکتُر گُفت: مِثلِ پُرتِقال، آناناس، یا توت‌فَرَنگی.

گُفتَم: پَس کِیکِ توت‌فَرَنگی هَم خوب اَست؟

خانُم دُکتُر خَندید وَ گُفت: دِنا، فَقَط میوه‌ی تازه!

آیا می‌دانی؟

سَرما خوردَم = سَرماخوردِگی گِرِفتَم

مَریض شُدَم = بیمار شُدَم

هر کلمه را بخوان و یک بار بنویس:

سیب

موز

پُرتِقال

توت فَرَنگی

هُلو

گیلاس

اَنگور

آناناس

طالِبی

گُلابی

زَردآلو

آلو

تمرین

۱. درباره‌ی یک شهر خیالی میوه‌ای با دوستانت حرف بزن و نقاشی کن. در این شهر خیالی، ماشین‌ها و دوچرخه‌ها از چه میوه‌هایی درست شدند؟ مدرسه‌ها و پارک‌ها از چطور؟ تو چه میوه‌ای را برای خانه‌ی خودت انتخاب می‌کنی؟

1. Talk to your friends about a fantasy fruit town and draw your imaginary town. Which fruit would you think are used for cars and bicycles in that fantasy town? What about schools and parks? Which fruit would you pick for your own house?

2. In each set, circle the word that is unrelated to others.

۲. در هر دسته، دور کلمه‌ای که با بقیّه مربوط نیست خط بکش.

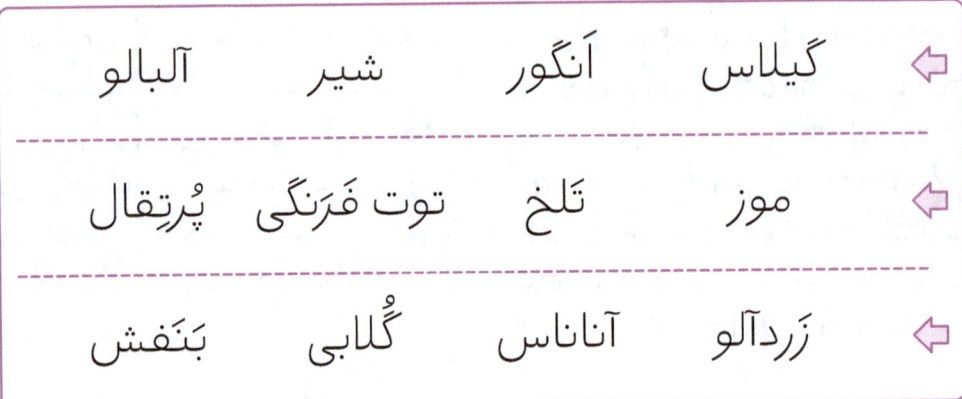

⇦	گیلاس	اَنگور	شیر	آلبالو
⇦	موز	تَلخ	توت فَرَنگی	پُرتِقال
⇦	زَردآلو	آناناس	گُلابی	بَنَفش

3. Write the correct word in the blanks to create a meaningful sentence.

۳. جای خالی را با کلمه مناسب پرکن.

- پوستِ ________ خوردَنی نیست، اَمّا پوستِ ________ خوردَنی اَست. (سیب - طالِبی)

- ________ هَسته دارَد، اَمّا ________ هَسته نَدارَد. (آلبالو - توت فَرَنگی)

- ________ تُرش اَست، اَمّا ________ شیرین اَست. (لیمو - هُلو)

- رَنگِ تویِ ______ وَ بیرونِ ______

زَرد اَست. (آناناس - موز)

4. Complete the crossword puzzle.

۴. جدول زیر را کامل کن.

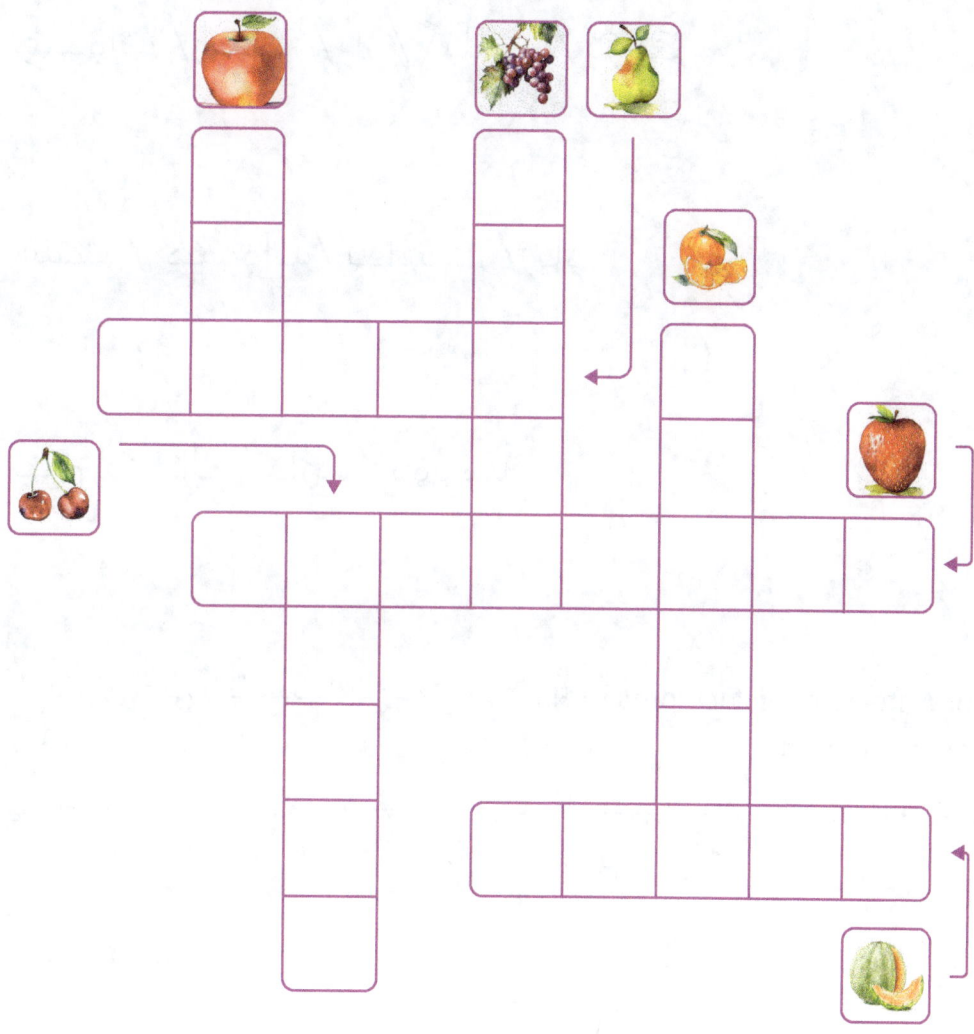

۵. جملات به‌هم ریخته را مرتّب کن.

5. Re-arrange the words to create meaningful sentences.

گَند. / پوست / پُرتِقال / را / مامان

هِندِوانه / اَست. / اَز / گیلاس / بُزُرگتَر

هَسته/ هِندِوانه/ نَداشت. /زیاد

سام / زَردآلو /دارَد. / دوست

---

۶. جاهای خالی را با عدد یا حروف پر کن.

6. Write numbers or words to Fill out the blanks.

۱۸	
۲۰	
	چهارده
۱۲	
	نوزده

7. Write the name of 3 fruits that you like most.

۷. نام سه میوه مورد علاقه‌ات را بنویس.

_____

8. Write a sentence for each pair.

۸. برای هر ترکیب جمله بساز.

تازه	توت‌فَرَنگی

_____

آبدار	هِندِوانه

_____

موز	پوست

_____

ویتامین	میوه

_____

مشق

۱. متن درس را با صدای بلند بخوان و صدای خود را برای معلّمت ضبط کن.

1. Record your voice as you read the lesson and send the audio file to your teacher.

۲. دور عدد صحیح خط بکش.

2. Circle the correct number according to the written word.

بیست	۱۰	۲۰	۲
دَوازدَه	۲	۱۸	۱۲
نوزدَه	۹	۱۹	۱۷
هِجدَه	۱۸	۵	۱۵
هِفدَه	۷	۱۸	۱۷

3. Complete the sentences, using fruit names.

۳. جملات زیر را با استفاده از اسم میوه‌ها کامل کن.

- مَن یِک ______ قِرمِز خوردَم.

- این ______ شیرین وَ آبدار اَست.

- سارا یِک ______ اَز دِرَخت کَند.

- گُلابی وَ ______ زَرد هَستَند.

4. Check out the following fruit craft ideas and use a fruit that you have at home to create your own. Send a picture of your fruit craft to the teacher.

۴. به کاردستی‌های زیر نگاه کن. با استفاده از یک میوه در خانه کاردستی بساز و عکس آن را برای معلّمت بفرست.

درس ۱۱ مِسواکِ مَن

دیشَب سام به اُتاقَم آمَد.

گُفت: مِسواکَم را پیدا نَکَردَم.

با مِسواکِ تو دَندان‌هایَم را شُستَم.

مَن عَصَبانی شُدَم.

سام خَندید و فَرار کَرد.

مامان گُفت: چی شُد؟

سام گُفت: با دِنا شوخی کَردَم.

گُفتَم: شوخیِ خَنده‌داری نَبود.

آیا می‌دانی؟	مِسواک کَردَم = مِسواک زَدَم دوش گِرِفتَن= حَمّام کَردَن	مَریضی = بیماری

هر کلمه را بخوان و یک بار بنویس:

مِسواک	شانه	حوله
صابون	لیوان	حَمّام
دُکتُر	مَریض	دارو
ناخُن‌گیر	دَستمال	خَمیردندان

تمرین

۱. با همکلاسی‌هایت درباره‌ی این سوالات صحبت کن.

1. Discuss the following questions about hygiene and health with your classmates.

- چه کارهایی بَرای بِهداشت وَ سَلامَتِ خود اَنجام می‌دَهی؟

- چرا نَباید اَز وَسایِلِ شَخصیِ دیگران اِستِفاده کُنیم؟

۲. اسم هر تصویر را بنویس و وسایل شخصی را علامت بزن.

2. Write the name of each image and mark the ones that are "personal items".

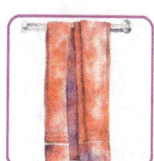

۳. جدول زیر را کامل کن.   3. Complete the crossword puzzle.

۱. با آن دَندانها را تَمیز می‌کُنیم.

۲. با آن موها را مُرَتَّب می‌کُنیم.

۳. با آن دَستها را می‌شوییم.

۴. با آن دَست وَ صورَت را خُشک می‌کُنیم.

۵. با آن ناخُن‌ها را کوتاه می‌کُنیم.

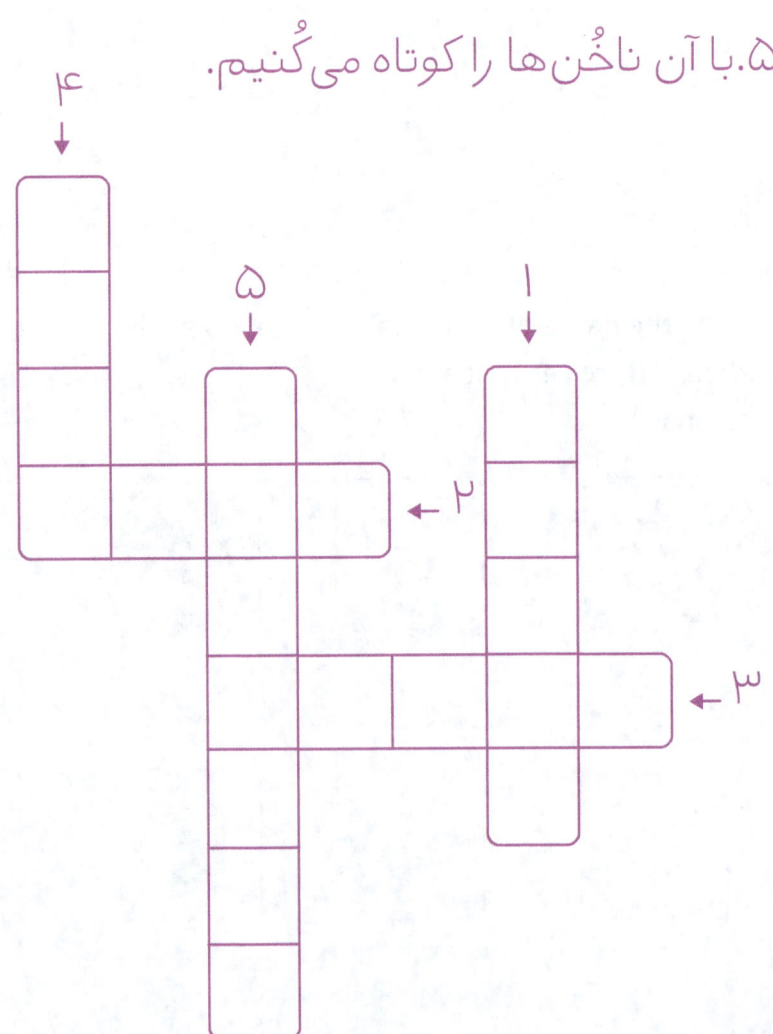

۴. کلمات مرتبط را به هم وصل کن.

4. Connect the words that are related.

مَریضی ◯   ◯ مو

مِسواک ◯   ◯ آب

شانه ◯   ◯ ناخُن‌گیر

حَمّام ◯   ◯ سُرفه

ناخُن ◯   ◯ حوله

لیوان ◯   ◯ خَمیردَندان

۵. مخالف کلمات زیر را بنویس.

5. Write the opposite for each word.

تَمیز ≠ _____   سالِم ≠ _____

خوشبو ≠ _____   کوتاه ≠ _____

6. Read the following words and circle the ones that have letter «ش».

۶. کلمات زیر را بخوان و دور کلمه‌هایی که حرف «ش» دارند خط بکش.

شانه	مِسواک	شامپو	کَثیف
شِش	شُست	باعِث	پُشت
پوست	لَثه	شانزدَه	خُشک

7. Connect the first and second parts of each sentence.

۷. قسمت اوّل و دوّم هر جمله را به هم وصل کن.

مَن دَست‌هایَم را ○	○ خودَش اِستِفاده می‌کُنَد.
سارا هَر روز ○	○ تَمیز وَ خوشبو اَست.
سام اَز لیوان ○	○ با صابون شُستَم.
حوله‌یِ مَن ○	○ حَمّام می‌کُنَد.

۸. از روی اعداد زیر به حروف بنویس.

8. Practice writing these numbers in words.

۲۱	بیست و یک	بیست و یک
۲۲	بیست و دو	بیست و دو
۲۳	بیست و سه	بیست و سه
۲۴	بیست و چهار	بیست و چهار
۲۵	بیست و پَنج	بیست و پَنج

مشق

۱. متن درس را با صدای بلند بخوان و صدای خود را برای معلّمت ضبط کن.

1. Record your voice as you read the lesson and send the audio file to your teacher.

۲. در هر دسته، دور کلمه‌ای که با بقیه مربوط نیست خط بکش.

2. In each set, circle the word that is unrelated to others.

مِسواک	حوله	میز	شانه
داستان	صابون	شامپو	خَمیردَندان
مَریض	بیمارِستان	دارو	دِرَخت

3. Fill in the blanks using the correct words.

۳. جاهای خالی را با کلمات مناسب پر کن.

| حَمّام | مِسواک | دَست‌هایَش |

- سارا ＿＿＿＿＿ را با آب وَ صابون شُست.

- مَن هَر شب دَندان‌هایَم را ＿＿＿＿＿ می‌زَنَم.

- سام دو بار دَر هَفته ＿＿＿＿＿ می‌کُنَد.

4. Write the numbers in words.

۴. اعداد زیر را به حروف بنویس.

	۲۱
	۲۲
	۲۳
	۲۴
	۲۵

5. Write a short story about the
pictures and use at least 3 of the
following words in your writing.

۵. درباره‌ی تصاویر زیر یک داستان
بنویس. حدّاقل ۳ تا از کلمات زیر را در
داستانت استفاده کن:

عَطسه	مَریض
مُواظِب	دَستمال

حافظ

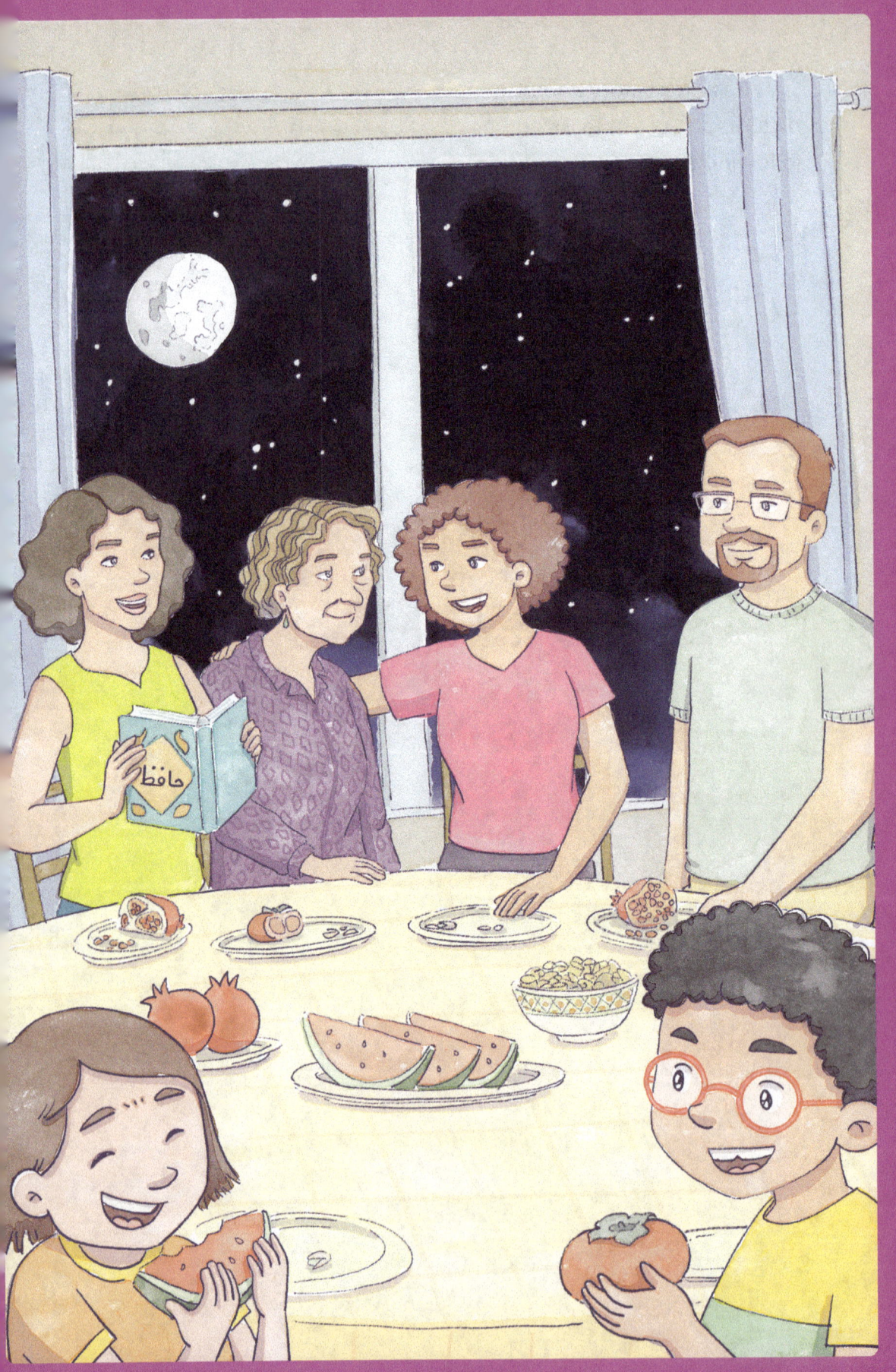

یَلدا اومَد دوباره

با یِک سَبَد سِتاره

تو این جَشنِ یَلدایی

شبِ ما هَست طولانی

میوه‌ها رو نِگاه کُن

هِندِوانه رو جُدا کُن

اَنارِ سُرخِ دون شُده

خوردَنِش آسون شُده

کِتابِ شِعر وا شُده

جَشنِ ما بَرپا شُده

طولانی = بُلَند = دِراز
سُرخ = قِرمِز

جَشن = مِهمانی
وا شُده = باز شُده

هر کلمه را بخوان و یک بار بنویس:

یَلدا

طولانی

رَسم

شَب

روز

زِمِستان

اَنار

هِندِوانه

پاییز

آجیل

سُفره

شِعر

تمرین

۱. با همکلاسی‌هایت درباره‌ی این سوالات حرف بزن.

1. Discuss the following questions about longest night and Persian tradition.

- طولانی‌تَرین شَبِ سال چه نام دارَد؟
- ایرانیان دَر این شَب چه کارهایی می‌کُنَند؟
- خوراکی‌هایی که دَر شَبِ یَلدا می‌خورَند را نام بِبَر.
- یِک خاطِره اَز شَبِ یَلدا بَرای دوستانَت تَعریف کُن.

۲. هر کلمه، چه کلمه‌ی دیگری را به یادت می‌آورد؟

2. What other word comes to your mind, when you read the following words?

- اَنار ← ______
- یَلدا ← ______
- هِندِوانه ← ______

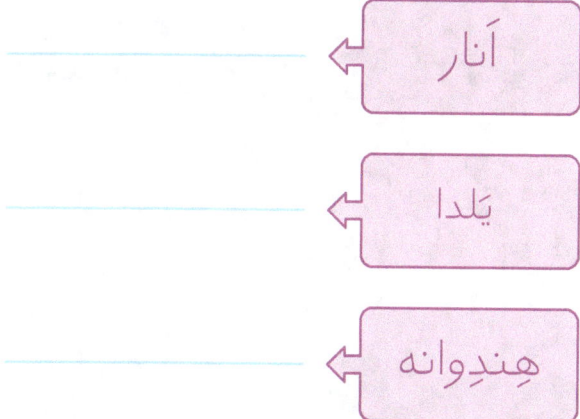

3. Read the words and circle the ones that have letter «ل».

۳. کلمات زیر را بخوان و دور کلماتی که حرف «ل» دارند خط بکش.

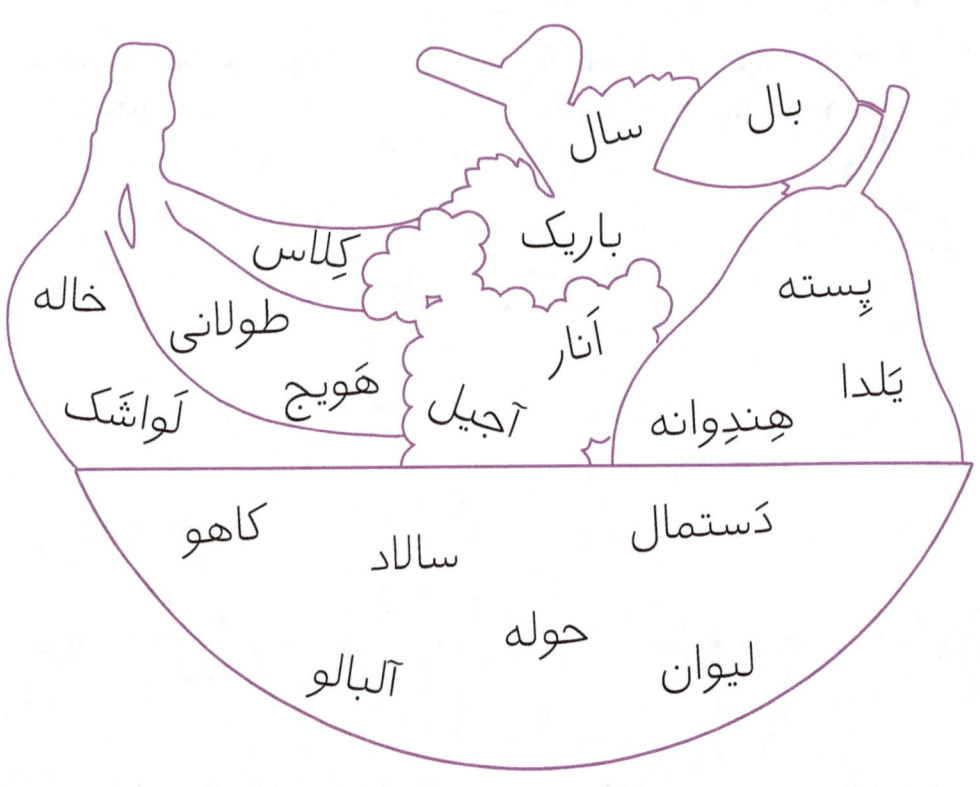

بال
سال
باریک
پِسته
کِلاس
خاله
طولانی
اَنار
یَلدا
لَواشَک
هَویج
آجیل
هِندِوانه
دَستمال
کاهو
سالاد
لیوان
حوله
آلبالو

4. Write the correct form of letter «ل» in each word.

۴. شکل درست حرف «ل» را در کلمات زیر بنویس.

آلبا‍ـو   گی‍ـ‍ـاس   یَـ‍ـدا

ـواشَک   ‍ـسا   طو‍ـانی

5. Circle the correct answer.

۵. دور جواب درست خط بکش.

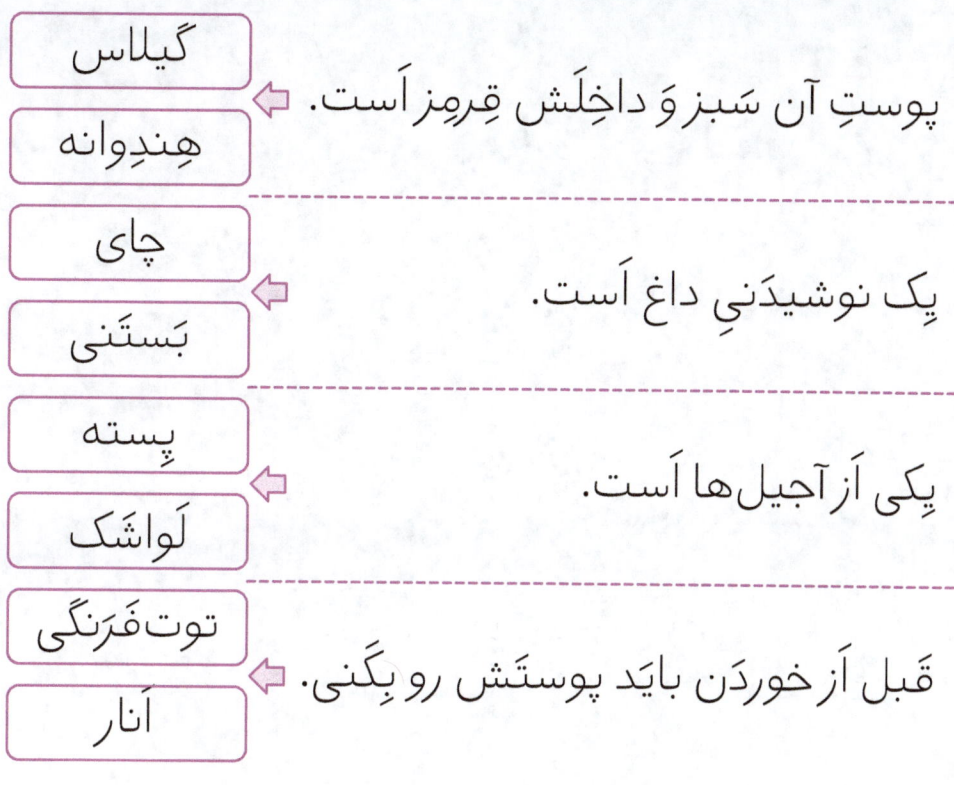

پوستِ آن سَبز وَ داخِلَش قِرمِز اَست. ⇦ گیلاس / هِندِوانه

یِک نوشیدَنیِ داغ اَست. ⇦ چای / بَستَنی

یِکی اَز آجیل‌ها اَست. ⇦ پِسته / لَواشَک

قَبل اَز خوردَن بایَد پوستَش رو بِکَنی. ⇦ توت‌فَرَنگی / اَنار

6. Connect the first and second parts of each sentence.

۶. قسمت اوّل و دوّم هر جمله را به هم وصل کن.

یَلدا طولانی‌تَرین ○	○ جَشن می‌گیریم.
دَر شَبِ یَلدا ○	○ شِعر خواند.
ما شَبِ یَلدا را ○	○ شَبِ سال اَست.
بابابُزُرگ بَرایِ ما ○	○ هِندِوانه وَ اَنار می‌خوریم.

7. Practice writing numbers 26 to 30, in Persian.

۷. نوشتن اعداد ۲۶ تا ۳۰ فارسی را تمرین کن.

۲۶ ۲۶ ۲۶

۲۷ ۲۷ ۲۷

۲۸ ۲۸ ۲۸

۲۹ ۲۹ ۲۹

۳۰ ۳۰ ۳۰

مشق

۱. دور خوراکی‌هایی که در شب یلدا می‌خورند را خط بکش.

1. Circle the ones that are eaten during Yalda night.

هِندِوانه پیتزا آجیل گیلاس اَنار

بَستَنی آش هُلو گُلابی خُرمالو

۲. اعداد ۲۱ تا ۳۰ را به ترتیب در جدول زیر بنویس.

2. Write numbers 21 to 30 in order.

۲۱				

۳. جملات زیر را بخوان و هرکدام که درست است علامت (✓) بزن.

3. Mark the sentences that are correct.

○ یَلدا طولانی‌تَرین شَبِ سال اَست.

○ یَلدا اَوَّلین شَب تابِستان اَست.

○ شَبِ یَلدا، با هَمه‌یِ خانِواده شام می‌خوریم.

4. Draw a Yalda table and write two sentences using following words.

۴. به سلیقه‌ی خودت یک سفره یلدا بکش و دو جمله در مورد آن بنویس. از کلمات زیر هم استفاده کن.

اَنار　　مِهمان　　خوشمَزه

۵. جدول زیر را کامل کن.

5. Complete the crossword puzzle, using the clues.

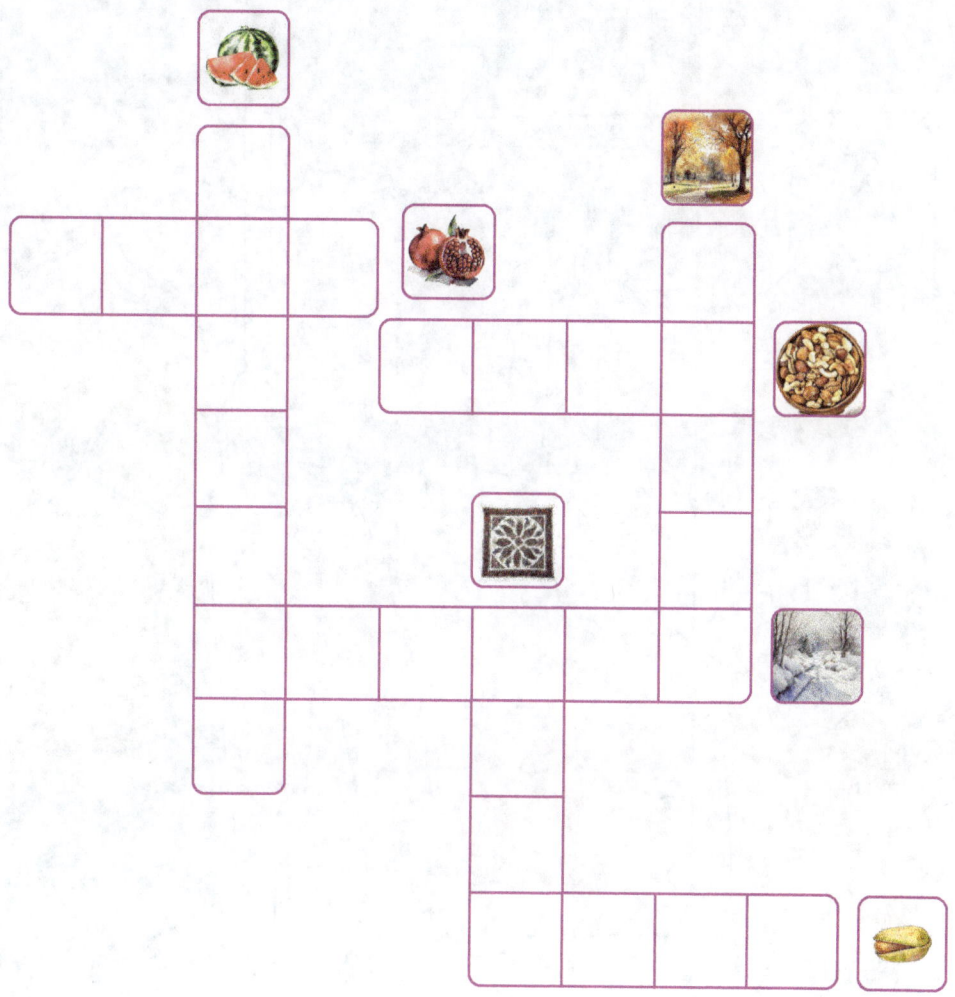

درس ۱۳ لِباس‌هایِ کوچَک

دیروز مامان کُمُدِ لِباس‌هایِ مَن را مُرَتَّب کَرد.

چَند تا دامَن، شَلوار وَ پیراهَنِ مَن را بَرداشت.

پُرسیدَم: لِباس‌ها را کُجا می‌بَری؟

مامان گُفت: این لِباس‌ها دیگَر اَندازه‌اَت نیستَند.

آنها را به بَچّه‌هایی بِدَهیم که لازِم دارَند.

گُفتَم: خُداحافِظ لِباس‌هایِ کوچَک وَ قَشَنگ.

لِباس پوشیدَن = لِباس تَن کَردَن
بَندِ کَفش بَستَن = بَندِ کَفش گِره زَدَن

تَنگ = کوچَک
گُشاد = بُزُرگ

هر کلمه را بخوان و یک بار بنویس:

دامَن

شَلوار

بُلوز

پیراهَن

جوراب

کیف

کُلاه

دَستکِش

شال گَردَن

کَفش

چَکمه

دَمپایی

تمرین

۱. در مورد لباس بچّه‌ها در تصاویر زیر با دوستانت صحبت کن.

1. Talk to your friends about the clothes kids are wearing in these pictures.

2. Complete the crossword puzzle, using the clues.

۲. جدول زیر را کامل کن.

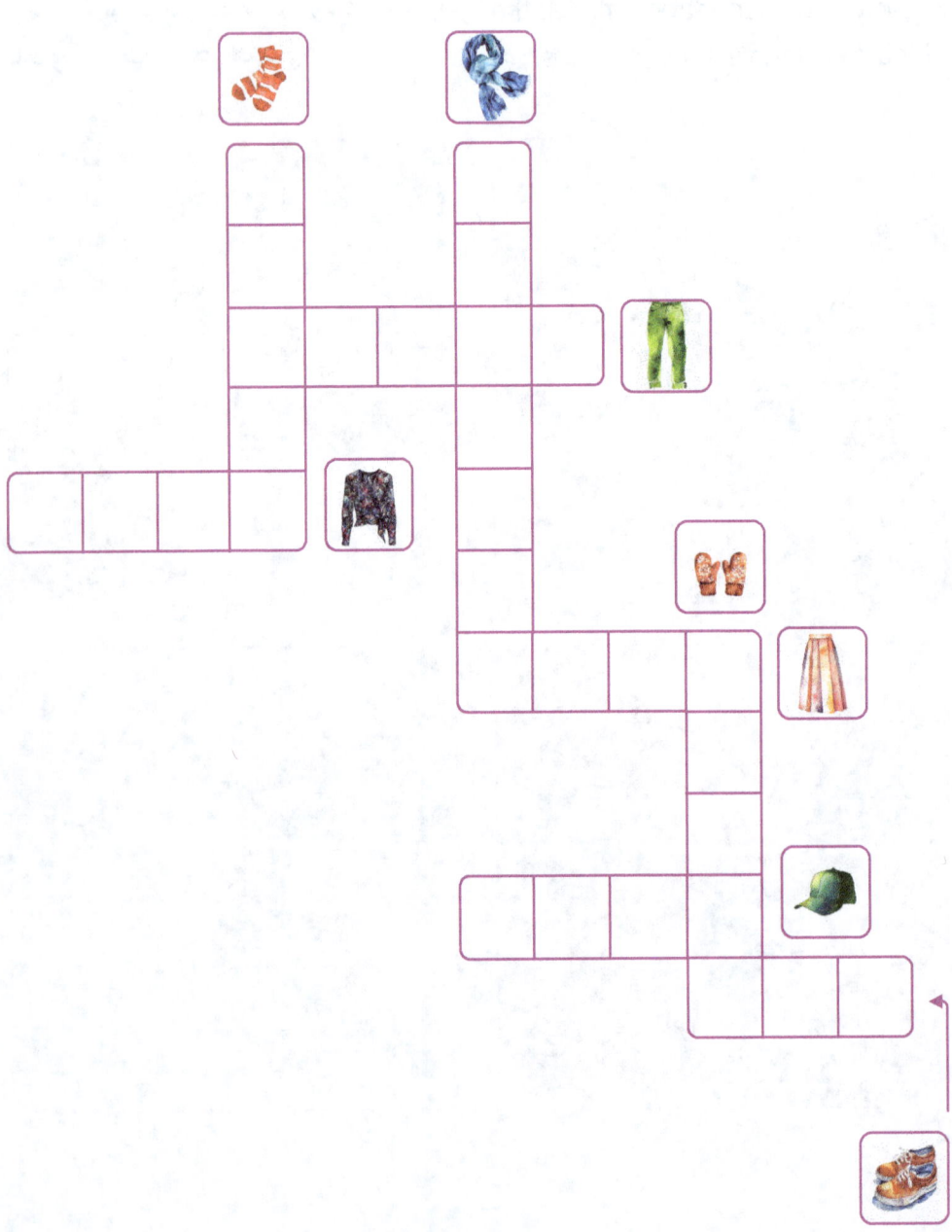

۳. به تصویر نگاه کن و دور کلمه‌ی درست را خط بکش.

3. Look at the pictures and circle the right word for each sentence.

آن بُلوز بَرایِ تو (کوچَک / بُزُرگ) اَست.

این شَلوار بَرایِ مَن (کوتاه / بُلَند) اَست.

این لِباس (تَمیز / کَثیف) اَست.

این کَفش اَندازه‌یِ مَن (هَست / نیست).

آن کُت بَرایِ او (بُلَند / کوتاه) اَست.

آن کُلاه بَرایِ او (تَنگ / گُشاد) اَست.

۴. جای خالی را با کلمه‌ی مناسب پر کن.

4. Write the correct word in blanks to create meaningful sentences.

- مَن چهار جُفت ______ دارَم. (بُلوز - کَفش)

- ما دَر زِمِستان ______ می‌پوشیم.

(چَکمه - شَلوارَک)

- سه تا ______ دَر کُمُدِ مَن اَست. (شَلوار - پا)

- سارا یِک دامَنِ آبی ______ . (پوشید - بَست)

- مَن بَندِ کَفشَم را ______ .

(بَستَم - پاره کَردَم)

۵. برای هر ترکیب جمله بساز.

5. Create a sentence for each pair.

شَلوار	راحَت

______

کَفش	وَرزِش

______

بُلوز	گُشاد
چَکمه	بُلَند

6. Connect the words that are related to each other.

۶. کلمات مرتبط را به هم وصل کن.

دَست	کَمَربَند
کَمَر	دَستکِش
پا	کُلاه
سَر	شال‌گَردَن
گَردَن	کَفش

۷. متن زیر را درباره ی دنا و سام بخوان.

7. Read the following sentences about Dena and Sam.

دیروز بَرفِ زیاد آمَد.

دِنا به سام گُفت: بیا بِرَویم بَرف بازی.

حالا بِنِویس که بَرایِ آماده شُدَن چه کارهایی بایَد بِکُنَند؟ لِباس‌هایِ موردِ نیاز را به آنها پیشنَهاد کُن.

کُتِ گرم بِپوشَند.

8. Practice writing these numbers in words.

۸. از روی اعداد زیر به حروف بنویس.

۲۶	بیست و شِش	بیست و شِش
۲۷	بیست و هَفت	بیست و هَفت
۲۸	بیست و هَشت	بیست و هَشت
۲۹	بیست و نُه	بیست و نُه
۳۰	سی	سی

مشق

1. Record your voice as you read the lesson and send the audio file to your teacher.

۱. متن درس را با صدای بلند بخوان و صدای خود را برای معلّمت ضبط کن.

2. Create a sentence with each group of words.

۲. با هر گروه از کلمات یک جمله معنی‌دار بساز.

جوراب	گُم	کُمُد

مامان	بَنَفش	شُست
سام	گَفش	بَند
مَن	شَلوار	تَنگ
خاله لیلی	دامَن	اَندازه

3. In each set, circle the word that is unrelated to others.

۳. در هر دسته، دور کلمه‌ای که با بقیه مربوط نیست خط بکش.

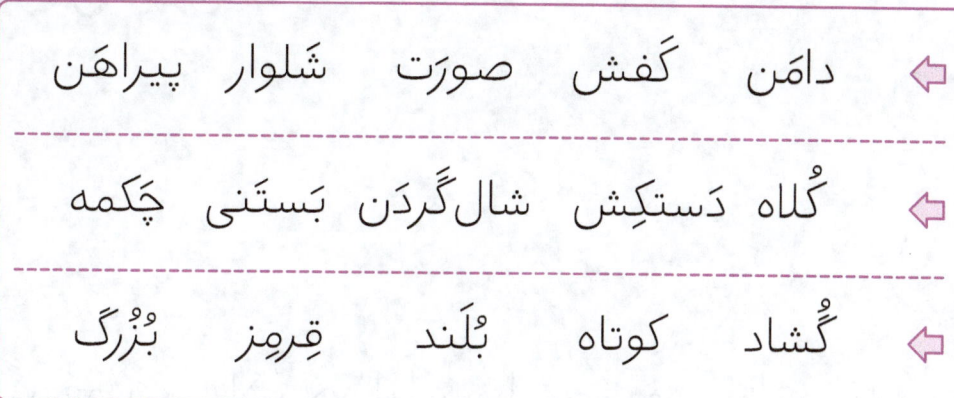

⇦	دامَن	کَفش	صورَت	شَلوار	پیراهَن
⇦	کُلاه	دَستکِش	شال‌گردَن	بَستَنی	چَکمه
⇦	گُشاد	کوتاه	بُلَند	قِرمِز	بُزُرگ

4. Answer these questions.

۴. به سوالات زیر جواب بده.

اَگر هَوا گَرم باشَد چه لِباس‌هایی می‌پوشی تا گَرمِت نَشَوَد؟

اَگر هَوا بارانی باشَد چه لِباس‌هایی می‌پوشی تا خیس نَشَوی؟

_____

_____

اَگر هَوا سَرد باشَد چه لِباس‌هایی می‌پوشی تا سَردَت نَشَوَد؟

_____

_____

5. Write each number in words. ۵. اعداد زیر را به حروف بنویس.

	۲۵
	۲۶
	۲۷
	۲۸
	۲۹
	۳۰

EXIT
11:03

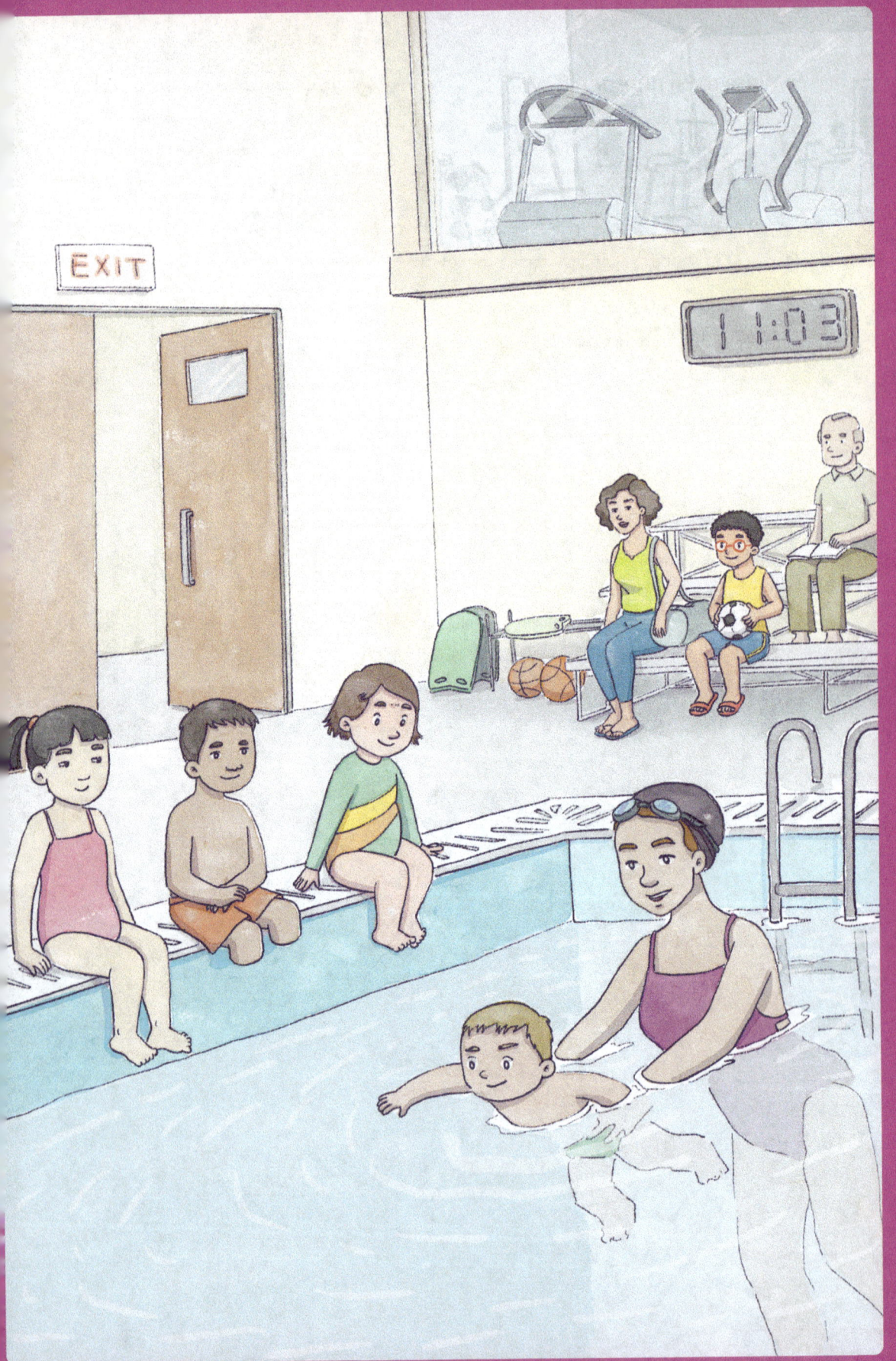

مامانِ مَن مُعَلِّمِ یوگا اَست.

او می‌گویَد: وَرزِش بَرایِ سَلامَتِ ما خوب اَست.

مَن شِنا دوست دارَم.

مَن دو بار دَر هَفته کِلاسِ شِنا می‌رَوَم.

اَمّا سام شِنا دوست نَدارَد.

او می‌گُویَد: مَن ماهی نیستَم.

سام فوتبال دوست دارَد.

آیا می‌دانی؟	مُعَلِّم = مُرَبّی = آموزِگار وَرزِشکار = کَسی که وَرزِش می‌کُنَد

هر کلمه را بخوان و یک بار بنویس:

فوتبال

بَسکِتبال

والیبال

تَختەنَرد

شَطرَنج

یوگا

اَسب‌سَواری

دوچَرخه‌سَواری

کوهنَوَردی

شِنا

ژیمناستیک

اِسکی

تمرین

۱. با همکلاسی‌هایت درباره‌ی این سوال‌ها صحبت کن.

1. Discuss the following questions with your classmates.

- وَرزِشِ موردِ عَلاقه‌یِ تو چیست؟
- وَرزِش‌هایِ گُروهی را بیشتَر دوست داری یا اِنفِرادی؟
- دوست داری چه جور مسابِقه‌یِ وَرزِشی تَماشا کُنی؟
- دوست داری با چه تیمی وَ یا با چه بازیکُنی بازی کُنی؟

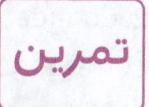

2. Connect each picture to the corresponding word. Then write 3 sentences using these words

۲. هر تصویر را به کلمه‌ی درست وصل کن. بعد با این کلمه‌ها ۳ جمله بنویس.

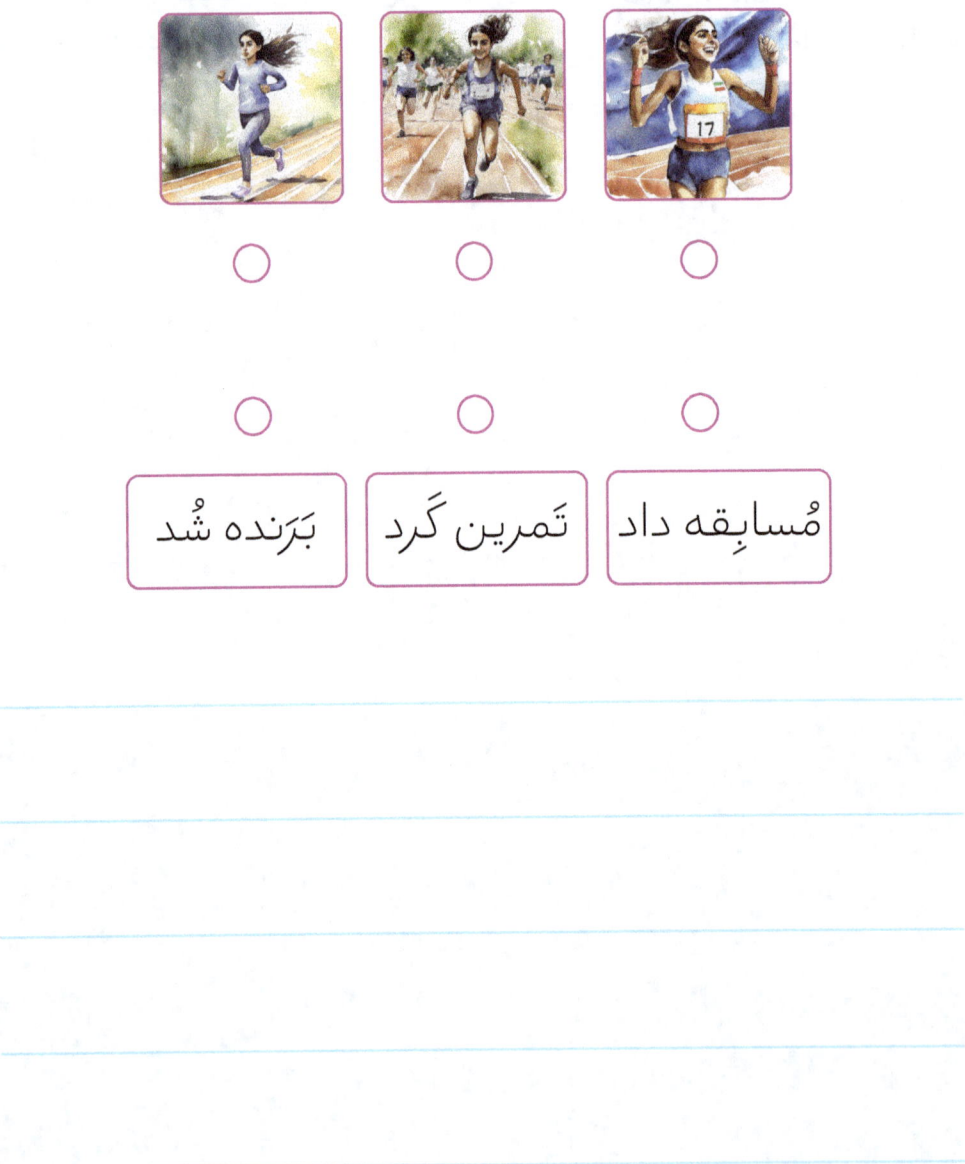

| بَرَنده شُد | تَمرین کَرد | مُسابِقه داد |

۳. جدول اعداد زیر را کامل کن.   3. Fill out the missing numbers.

۱									۱۰
۱۱									۲۰
۲۱									۳۰

۴. کلمه‌های مربوط به ورزش‌ها را حدس بزن و بنویس.   4. Guess and write the rest of the words related to sports.

دوچَرخه _____ تَخته _____ اَسب _____

فوت _____ ژیمناس _____ کوه _____

5. Read the words and circle the ones that have «V» sound.

۵. کلمات زیر را بخوان و دور آنهایی که حرف «واو» صدای «V» دارد، خط بکش.

وَرزِش کوه اَسب‌سَواری دیوار داوَر

مو کِشوَر دور دَویدَم اِمروز آواز

بود اَبرو زانو

- Now categorize the above words in the table.

- حالا کلمات را بر اساس صدای «و» یا «او» در جدول زیر دسته بندی کن.

صدای "و" (V)	صدای "او" (U)

6. Circle the correct answer.
۶. دور جواب درست خط بکش.

تِنیس	
کوه‌نَوَردی	→ این وَرزِش نیاز به توپ دارَد.
بَسکِتبال	
شِنا	→ این وَرزِش نیاز به آب دارَد.
اَسب‌سَواری	
دوچَرخه سَواری	→ این وَرزِش نیاز به اَسب دارَد.
والیبال	
اِسکی	→ این یِک وَرزِشِ گُروهی اَست.

7. Connect the first and second parts of each sentence.
۷. قسمت اوّل و دوّم هر جمله را به هم وصل کن.

○ شَطرَنج بَرَنده شُدَم.	ما دَر زِمِستان ○
○ گُروهی اَست.	مَن دَر مُسابقه‌یِ ○
○ سوت زَد.	مَن وَ بابا ○
○ مسابقه‌یِ فوتبال را دیدیم.	والیبال یِک وَرزِشِ ○
○ به اِسکی می‌رَویم.	داوَر ○

8. Complete the crossword puzzle, using the clues.

۸. جدول زیر را کامل کن.

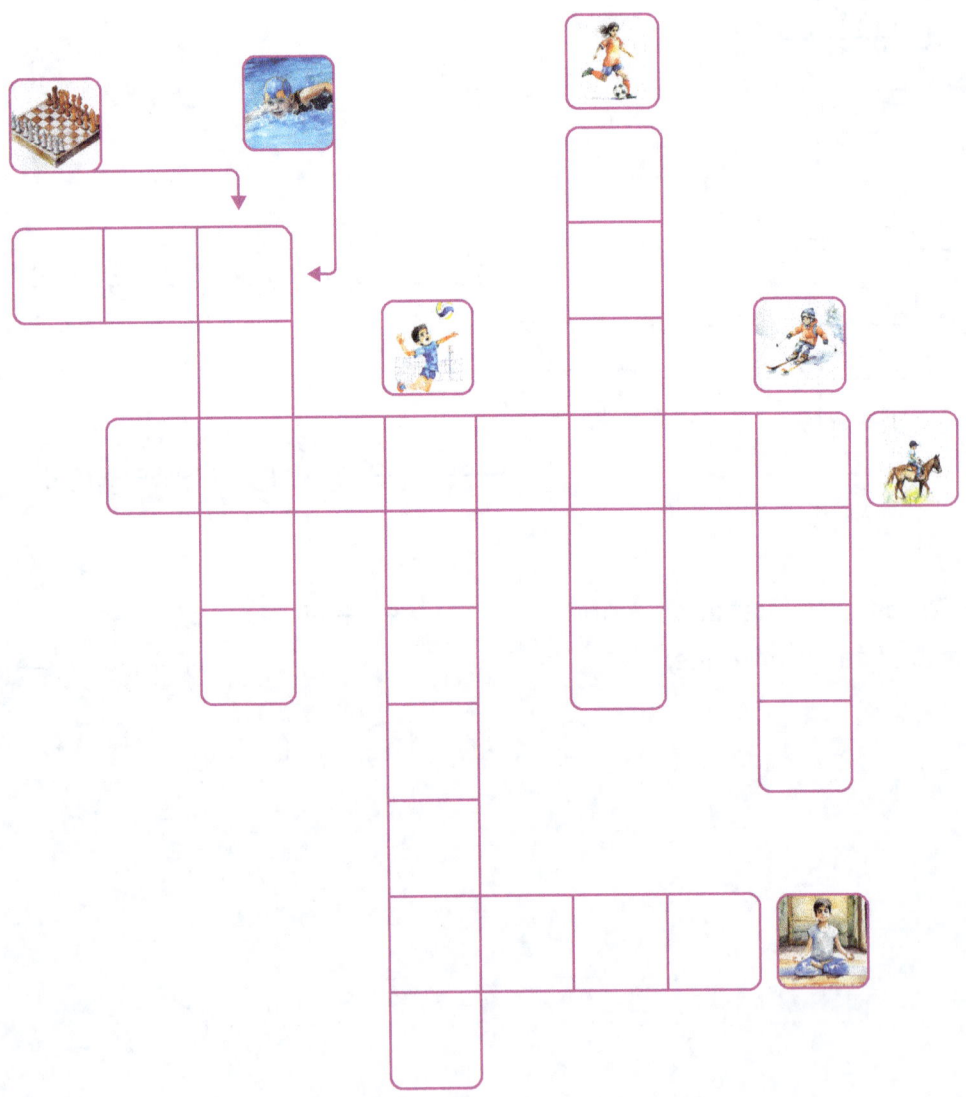

مشق

1. Record your voice as you read the lesson and send the audio file to your teacher.

۱. متن درس را با صدای بلند بخوان و صدای خود را برای معلّمت ضبط کن.

2. Re-arrange the words to create meaningful sentences.

۲. جملات به‌هم ریخته را مرتّب کن.

تَخته نَرد / بابابُزُرگ / یاد داد. / به سام

بَرَنده شُد. / دَر مُسابِقه / ایران / تیمِ والیبالِ

اَسب‌سَواری / می‌کُنَد. / تَمرین / سارا

مامانَم / دوست / دارَد. / یوگا

۳. دور کلمه‌ای که با بقیّه فرق دارد خط بکش.

3. In each set, circle the word that is unrelated to others.

⇦	والیبال	بَسکِتبال	عَدَد	فوتبال
⇦	شِنا	سوت	یوگا	اِسکی
⇦	مُسابِقه	بَرَنده	داوَر	مُسافِرَت

۴. کلمات مرتبط را به هم وصل کن.

4. Connect the related words together.

شِنا ○	○ اَسب
اِسکی ○	○ تور
اَسب‌سَواری ○	○ آب
والیبال ○	○ بَرف

5. Write the numbers in words.   ۵. اعداد زیر را به حروف بنویس.

	۲۰
	۲۱
	۲۲
	۲۳
	۲۴
	۲۵
	۲۶
	۲۷
	۲۸
	۲۹
	۳۰

درس ۱۵ سَقفِ سوراخ

دیروز، اَز صُبح تا شَب باران آمَد.

مَن وَ سام دَر خانه بازی کَردیم.

بَعد اَز بازی، سام به اُتاقَش رَفت.

او داد زَد: چِرا هَمه جا خیس اَست؟

بابا وَ مامان به اُتاقِ سام رَفتَند.

بابا گُفت: سَقف سوراخ شُده.

به سام گُفتَم: من شِنا بَلَدَم. تو را نِجات می‌دَهَم.

آیا می‌دانی؟ گاراژ = پارکینگ بالکُن = تِراس

هر کلمه را بخوان و یک بار بنویس:

حَیاط	آشپَزخانه	اُتاق

گاراژ	زیرزَمین	حَمّام

پِلّه	اِستَخر	دَستشویی

پَنجَره	سَقف	دیوار
		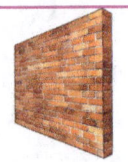

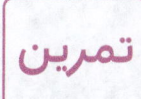

تمرین

1. Talk about your home and discuss the following questions with your classmates.

۱. درباره‌ی خانه‌ی خودت با هم‌کلاسی‌هایت صحبت کن و سوال‌های زیر را جواب بده.

ـ آپارتِمان اَست یا خانه؟

ـ چَند طَبَقه دارَد؟

ـ حَیاط دارَد یا نه؟

ـ زیرزَمین دارَد یا نه؟

2. Re-arrange the words to create meaningful sentences.

۲. جملات به‌هم ریخته را مرتّب کن.

اِستَخر/ خانه‌ی / دارَد./ آن‌ها

_____

دِرَخت / دو/ داریم./ ما / حَیاط / دَر

_____

هَمسایه / آبی / اَست. / دیوارِ / خانه‌یِ

خانه‌یِ / دَر / طَبَقه‌یِ سِوُّم / اَست. / ما

۳. اسم قسمت‌های مختلف این خانه را روی تصویر بنویس و کنار جملات درست علامت بزن:

3. Write the name of different parts of this house next to the arrows and add a (✓) mark next to the sentences that are correct.

○ حَمام وَ دَستشویی طَبَقه‌یِ بالا است.

○ این خانه سِه طبقه دارد.

○ دو تا ماشین دَر گاراژ اَست.

○ سه تا صَندَلی دَر آشپَزخانه اَست.

○ این خانه زیرزَمین نَدارد.

○ اُتاقِ خواب طَبَقه‌یِ اَوَّل اَست.

۴. کلمات زیر را بخوان و دور کلماتی که حرف «خ» دارند خط قرمز و دور کلماتی که حرف «ج» دارند خط آبی بکش.

4. Read the words and use red to circle the ones with sound «خ» and blue to circle the ones with sound «ج».

خانه	پَنجَره	اِستَخر	چوب	حَمّام
خَرید	کوچَک	دِرَخت	چهار	رودخانه
چَپ	اینجا	آشپَزخانه	جَدید	اُتاقِ خواب

۵. کلمه‌های مربوط به قسمت های خانه را حدس بزن و کامل کن.

5. Write the missing part of the following words related to the house parts.

آشپَزخا_____ زیرزَمـ_____ حَیا_____

پَنجَـ_____ گار_____ _____ دُوُّم

۶. در هر دسته، دور کلمه‌ای که به موضوع مربوط نیست خط بکش.

6. Circle the word in each set that does not match the category.

جَدید	خانه دوچَرخه جوراب خَنده چَتر
آبی	اِستَخر سَقف پَنجَره خواب جارو
بُزُرگ	جَشن سَرد اُتاق رودخانه گاراژ
خاموش	ماشین رادیو کامپیوتِر طَلا چِراغ

در آشپَزخانه‌یِ ما ______________________

اُتاقِ مامان وَ بابایِ مَن دَر طَبَقه‌یِ ______________________

دیوارِ خانه‌یِ ما ______________________

حَیاطِ خانه‌یِ ما ______________________

۸. نوشتن اعداد فارسی ۳۱ تا ۳۵ را تمرین کن.

8. Practice writing numbers 31 to 35.

۱. متن درس را با صدای بلند بخوان و صدای خود را برای معلّمت ضبط کن.

1. Record your voice as you read the lesson and send the audio file to your teacher.

2. Circle the word that is unrelated to the topic.

۲. دور کلمه‌ای که با بقیه مربوط نیست خط بکش.

زیرزَمین	قاشُق	گاراژ	حَیاط	⇐
بُشقاب	آشپَزخانه	حَمّام	دَستشویی	⇐
پِلّه	دیوار	توپ	سَقف	⇐

3. Write the numbers that come before and after.

۳. اعداد قبل و بعد هر عدد را بنویس.

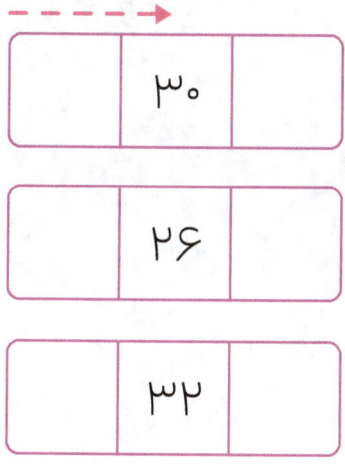

	۳۰	

	۲۶	

	۳۲	

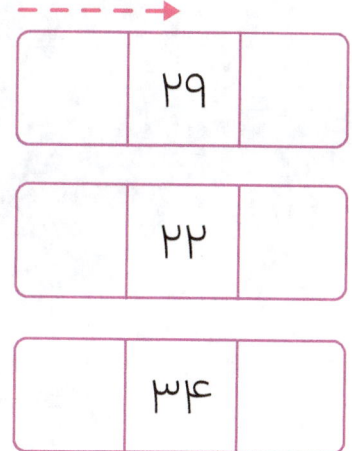

	۲۹	

	۲۲	

	۳۴	

4. Write 4 sentences about the picture.

۴. درباره‌ی این تصویر ۴ جمله بنویس.

۵. سوال را بخوان و دور پاسخت خط بکش.

5. Read each question and circle your preference.

چه خانه‌ای دوست داری؟	یِک طَبَقه / چَند طَبَقه
کُجا دوست داری بازی کُنی؟	حَیاط / زیرزَمین
کُجا دوست داری شِنا کُنی؟	اِستَخر / دَریا
کُجا دوست داری تَکالیفَت را اَنجام دَهی؟	اُتاق / حَیاط

درس ۱۶ کُجایِ خانه؟

وَقتی اَز مَدرِسه به خانه آمَدَم تی‌تی نَبود.

هَمه‌جا دُنبالَش گشتَم.

زیرِ تَخت وَ تویِ کُمُد را نِگاه کَردَم، اَمّا نَبود.

بابا به کُمَکَم آمَد.

او چِراغِ اُتاقِ کار را روشَن کَرد.

تی‌تی بالایِ کِتابخانه بود.

بابا به تی‌تی گُفت: چِرا دَر تاریکی کِتاب می‌خوانی؟

آیا می‌دانی؟ فَرش = قالی تابلو= قابِ عَکس

هر کلمه را بخوان و یک بار بنویس:

میز

صَندَلی

تَخت

کُمُد

کِتابخانه

مُبل

پَرده

ساعَت

گُلدان

چِراغ

آیِنه

تابلو

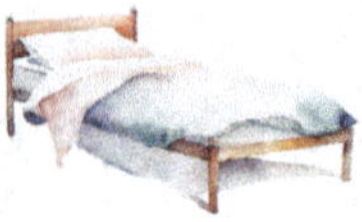

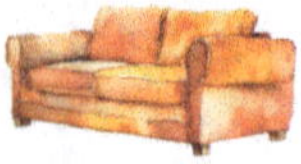

تمرین

۱. تصویر اتاق زیر را نگاه کن و با همکاری همکلاسی‌هایت ۹ تا از وسایل را نام ببر.

1. With the help of your classmates, name 9 of the items you see in this image.

__________ __________ __________

__________ __________ __________

__________ __________ __________

۲. شکل درست حرف «ک» یا «گ» را در جاهای خالی بنویس و کلمه را کامل کن.

2. Use the correct form of letters «ک»or «گ»to complete the following words.

اُجاق ___از ___مُد اُتاقِ ___ار ___تابخانه ___لید

___لدان تاریـ___ قابِ عَـ___س ___تاب ___امپیوتِر

۳. کلمات مرتبط را به هم وصل کن.

3. Connect the related words.

کِتابخانه ⭘   ⭘ کَفش

زَمین ⭘   ⭘ قابِ عَکس

دیوار ⭘   ⭘ فَرش

اُتاقِ خواب ⭘   ⭘ کِتاب

جا کَفشی ⭘   ⭘ تَخت

۴. در هر دسته، دور کلمه‌ای که با بقیّه مربوط نیست خط بکش.

4. In each set, circle the word that is unrelated to others.

سَقف	مُبل	کِتابخانه	کُمُد	⇦
آینه	کِتاب	چِراغ	قابِ عَکس	⇦
گُلدان	پَرده	فَرش	مَدرِسه	⇦
مُبل	صَندَلی	دوچَرخه	میز	⇦

۵. هر تصویر را به کلمه‌ی مرتبط وصل کن.

 ○   ○ غَذا

 ○   ○ گُل

 ○   ○ عَکس

 ○   ○ لِباس

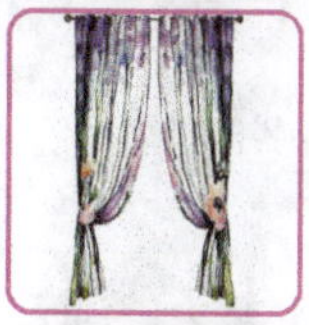

○   ○ پَنجَره

○   ○ کِتاب

۶. از روی اعداد زیر به حروف بنویس.

6. Practice writing the words for these numbers.

۳۱	سی و یِک	سی و یِک
۳۲	سی و دو	سی و دو
۳۳	سی و سه	سی و سه
۳۴	سی و چهار	سی و چهار
۳۵	سی و پَنج	سی و پَنج

۷. جاهای خالی را با کلمات مناسب پر کن.

7. Fill in the blanks using the correct words.

تَخت	کُمُد	کِتابخانه	گُلدان

- سام اِمروز اُتاقِ خود را تَمیز کَرد.
- او لِباس‌ها را دَر ________ گُذاشت.
- او کِتاب‌ها را دَر ________ چید وَ ________ را آب داد.
- سام ________ را هَم مُرَتَّب کَرد وَ کیفَش را کِنارِ میز گُذاشت.

۸. قسمت اوّل و دوّم هرجمله را به هم وصل کن.

8. Connect the first and second parts of each sentence.

بُزُرگ اَست. ⃝	⃝ این صندلی‌ها
نارِنجی هَستَند. ⃝	⃝ پَنجَرهِی این اُتاق
خاموش کُن. ⃝	⃝ آن مُبل
نَرم وَ راحَت اَست. ⃝	⃝ چِراغِ اُتاق را

مشق

۱. متن درس را با صدای بلند بخوان و صدای خود را برای معلّمت ضبط کن.

1. Record your voice as you read the lesson and send the audio file to your teacher.

۲. اعداد زیر را به حروف بنویس.

2. Write each number in words.

	۳۱
	۳۲
	۳۳
	۳۴
	۳۵

3. Complete the sentences using the words related to this image.

۳. جملات زیر را با توجّه به شکل کامل کن.

کِتابخانه	فَرش	گُلدان
دیوار	مُبل	پَرده

ـ کِتاب‌هايِ زیادی دَر _____ اَست.

- _____ هايِ اُتاق سَبز اَست.

- دو تا تابلو رويِ _____ اَست.

- _____ رويِ زَمین بُزُرگ وَ رَنگارَنگ اَست.

- یِک _____ زیبا کِنارِ پَنجَره اَست.

- _____ هايِ آبیِ این اُتاق نَرم وَ راحَت هَستَند.

۴. Complete the crossword puzzle, using the clues.

۴. جدول زیر را کامل کن.

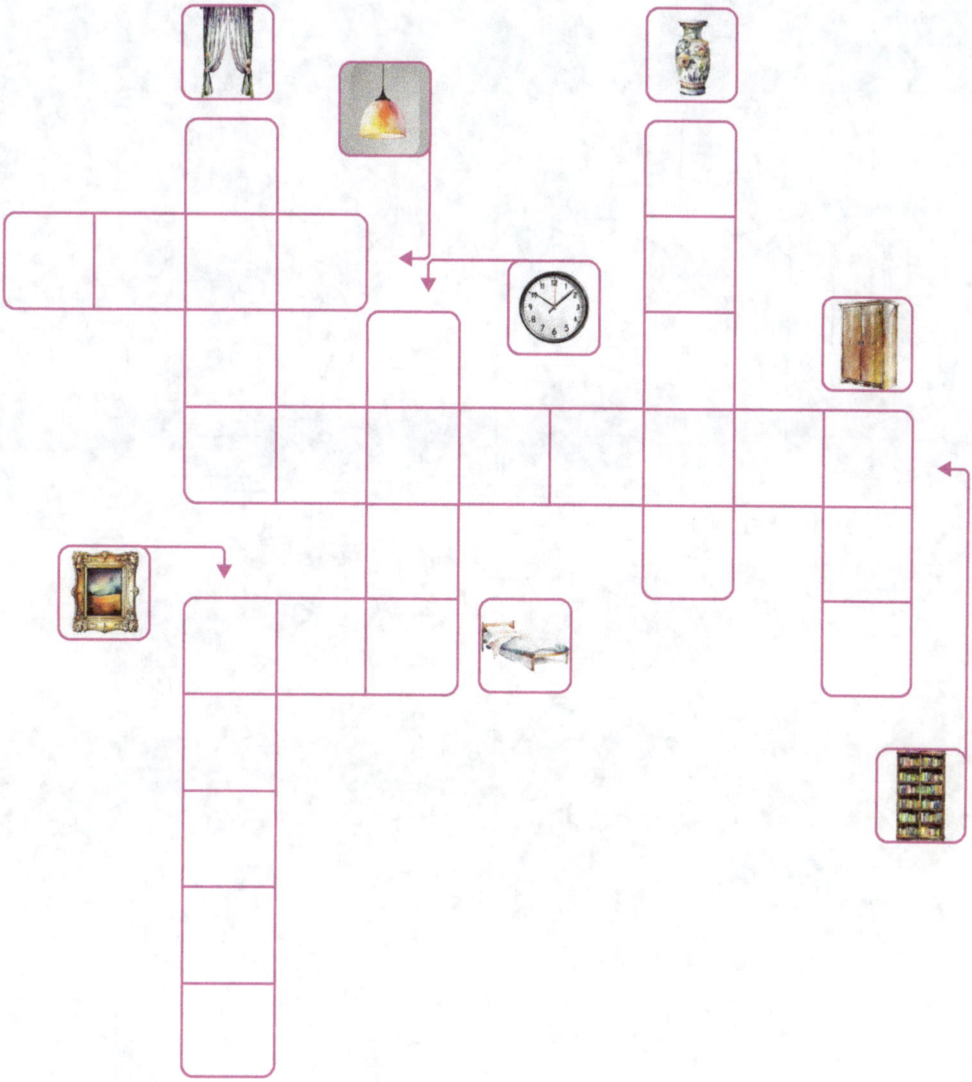

5. Write the missing part of the following words related to the household items.

۵. کلمه‌های مربوط به وسایل خانه را حدس بزن و کامل کن.

کِتابـ____ آیِـ____ تا____ ____عَت صَندَ____ پَر____

درس ۱۷ مَحَلّه‌یِ ما

خانه‌یِ ما وَسَطِ شَهر اَست.

مَحَلّه‌یِ ما یِک پارکِ بُزُرگ دارَد.

اِمروز با بَچّه‌هایِ هَمسایه به پارک رَفتیم.

سام دَر پیاده‌رو یِک پَرَنده‌یِ کوچَک پِیدا کَرد.

به او کُمَک کَرد تا دوباره پَرواز کُنَد.

گُفتَم: چه خوب! دوستِ تی‌تی را نِجات دادی.

آیا می‌دانی؟ وَسَط = مَرکَز = میان فُروشگاه = مَغازه

هر کلمه را بخوان و یک بار بنویس:

خانه

خیابان

کوچه

پیاده‌رو

هَمسایه

پارک

کِتابخانه

مَدرِسه

فُروشگاه

رِستوران

آتش‌نِشانی

باغِ وَحش

تمرین

۱. شما در چه محلّه‌ای زندگی می‌کنید؟ خیابان خود را برای همکلاسی‌هایت توصیف کن.

1. How does your neighborhood look like? Describe the street that you live on, for your classmates.

- آیا هَمسایه‌هایِ خود را می‌شناسی؟
- دَر موردِ آنها با دوستانِ خود صُحبَت کُن.

۲. هر کلمه، چه کلمه‌های دیگری را به یادت می‌آورد.

2. What other word comes to your mind, when you read these words? Write 3 for each word.

آتش نِشانی ⟸ آتش، خَطَر، نَردِبان

خیابان ⟸ ______ ______ ______

باغِ وَحش ⟸ ______ ______ ______

پارک ⟸ ______ ______ ______

کِتابخانه ← ______ ______ ______

۳. کلمه‌ی درست را در جای خالی بنویس و جمله را کامل کن.

3. Write the correct word in the blanks.

- به جایی که دَر آن زِندِگی می‌کُنیم ______ می‌گویَند. (مَحَلّه - پارکینگ)

- به کَسی که دَر خانه‌یِ نَزدیکِ ما زِندِگی می‌کُنَد ______ می‌گویَند. (داوَر - هَمسایه)

- به جایی که دَر آن فیلم تَماشا می‌کُنیم ______ می‌گویَند. (سینَما - باغِ وَحش)

- به جایی که دَر آن کِتاب می‌خوانیم ______ می‌گویَند. (کِتابخانه - رِستوران)

- به جایی که دَر آن دَرس می‌خوانیم ______ می‌گویَند. (فُروشگاه - مَدرِسه)

4. Practice writing numbers 36 to 40.

۴. نوشتن اعداد ۳۶ تا ۴۰ فارسی را تمرین کن.

۳۶ ۳۶

۳۷ ۳۷

۳۸ ۳۸

۳۹ ۳۹

۴۰ ۴۰

۵. قسمت اوّل و دوّم هر جمله را به هم وصل کن.

5. Connect the first and second parts of each sentence.

پارکِ کِنارِ خانه‌یِ ما   ⃝   ⃝   یِک سَگ دارَد.

یِک فُروشگاهِ بُزُرگ   ⃝   ⃝   کِتابخانه اَست.

خیابانِ ما   ⃝   ⃝   چَهار تا تاب دارَد.

هَمسایه‌یِ ما   ⃝   ⃝   جایِ دوچَرخه سَواری دارَد.

خانه‌یِ ما نَزدیکِ   ⃝   ⃝   نَزدیکِ مَدرِسه‌یِ مَن اَست.

۶. در هر دسته دورِ کلمه‌ای که با بقیّه مربوط نیست خط بکش.

6. In each set, circle the word that is unrelated to others.

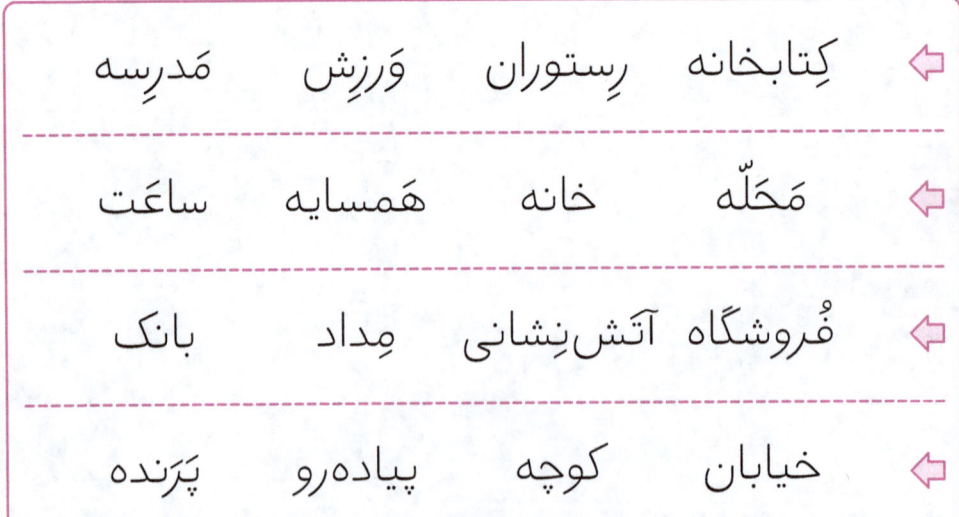

☜	کِتابخانه	رِستوران	وَرزِش	مَدرِسه
☜	مَحَلّه	خانه	هَمسایه	ساعَت
☜	فُروشگاه	آتَش‌نِشانی	مِداد	بانک
☜	خیابان	کوچه	پیاده‌رو	پَرَنده

7. Complete the crossword puzzle,
using the clues.

۷. جدول زیر را کامل کن.

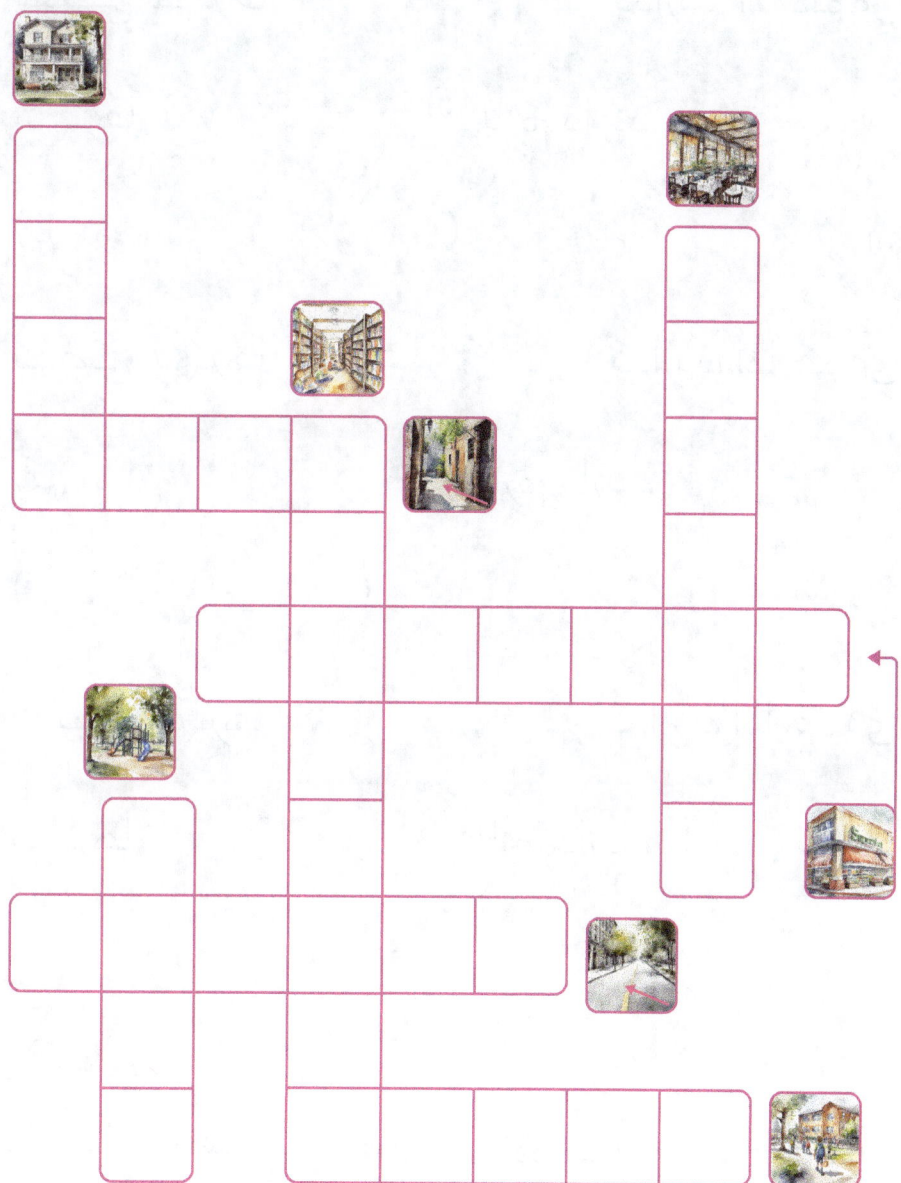

۸. کلمات را درجای درست بنویس.

8. Write the correct word in the blanks.

- بَعضی شَهرها ــــــــــــــ نَدارند، اَمّا هَمه‌یِ

شَهرها ــــــــــــــ لازِم دارَند.

(باغِ وَحش - آتَش نِشانی)

- بَعضی شَهرها ــــــــــــــ نَدارند، اَمّا هَمه‌یِ

شَهرها ــــــــــــــ لازِم دارَند.

(بیمارِستان - سینَما)

- بَعضی شَهرها ــــــــــــــ نَدارند، اَمّا هَمه‌یِ

شَهرها ــــــــــــــ لازِم دارَند. (مَدرِسه - موزه)

مشق

۱. متن درس را با صدای بلند بخوان و صدای خود را برای معلّمت ضبط کن.

1. Record your voice as you read the lesson and send the audio file to your teacher.

۲. با هر گروه از کلمات جمله بساز.

2. Make sentences with each pair of words.

کِتابخانه	بُزُرگ

مَدرِسه	کِنار

خیابان	شُلوغ

خانه	هَمسایه

3. Connect each sentence to the correct image.

۳. هر کدام از جملات را به شکل درست وصل کن.

 ○   ○ بَرایِ بازی با دوستانَت به آنجا می‌رَوی.

 ○   ○ بَرایِ خواندَنِ کِتاب به آنجا می‌رَوی.

 ○   ○ بَرایِ خَریدَنِ میوه به آنجا می‌رَوی.

 ○   ○ بَرایِ دیدَنِ حِیوانات به آنجا می‌رَوی.

 ○   ○ بَرایِ خوردَنِ غَذا به آنجا می‌رَوی.

۴. جدول زیر را کامل کن.

4. Complete the table by adding the missing numbers.

۲۱									۳۰

۳۱									۴۰

۵. جملات زیر را با کلمات مناسب کامل کن.

5. Write the correct word in the blanks.

کِتابخانه   پارک   مَدرِسه   مَحَلّه   فُروشگاه

ـ خانه‌یِ ما دَر یِک ＿＿＿＿＿＿＿ سَرسَبز اَست.

ـ کِنارِ خانه‌یِ ما یِک ＿＿＿＿＿＿＿ بُزُرگ اَست.

ـ بابا اِمروز اَز ＿＿＿＿＿＿＿ میوه خَرید.

ـ مَن دیروز اَز ＿＿＿＿＿＿＿ یِک کِتابِ جَدید گِرِفتَم

وَ آن را به ＿＿＿＿＿＿＿ بُردَم.

درس ۱۸ ماشینِ خَراب

ماشینِ ما دیروز خَراب شُد.

مامان گُفت: اِمروز با اُتوبوس وَ قَطار به

مَدرِسه می‌رَویم.

ما با اُتوبوس به ایستگاهِ قَطار رِسیدیم.

آنجا اَز اُتوبوس پیاده شُدیم وَ سَوارِ قَطار شُدیم.

با خوشحالی به مامان گُفتَم: فَردا با کَشتی یا

هَواپیما به مَدرِسه بِرَویم.

سام گُفت: مَدرِسه آنقَدر دور نیست.

وَسیله‌یِ نَقلیه = وَسیله‌ای که ما را اَز جایی به جایِ دیگر می‌بَرَد

مُسافِر = کَسی که سَوارِ وَسیله‌یِ نَقلیه می‌شَوَد

پیاده = کَسی که بِدونِ اِستِفاده اَز وَسیله‌یِ نَقلیه جایی می‌رَوَد

هر کلمه را بخوان و یک بار بنویس:

ماشین	قَطار	هَواپِیما
اُتوبوس	دوچَرخه	موتورسیکلِت
کَشتی	قایِق	هِلی‌کوپتِر
تاکسی	ایستگاه	فُرودگاه

تمرین

۱. با هم‌کلاسی‌هایت درباره‌ی سوالات زیر صحبت کن.

1. Discuss these questions with your classmates.

- پیاده به مَدرِسه می‌رَوی یا با وَسیله‌یِ نَقلیه؟ کُدام وَسیله‌یِ نَقلیه؟
- با کُدام‌یِک اَز این وَسایِلِ نَقلیه مُسافِرَت رَفتی؟ (ماشین، هَواپِیما، کَشتی، قایِق، قَطار)
- وَقتی بُزُرگ شُدی دوست داری چه وَسیله‌یِ نَقلیه‌ای داشته باشی؟

۲. کلمات مرتبط را به هم وصل کن.

2. Connect the words that are related.

رِیل ○	○ فُرودگاه
هواپِیما ○	○ کُلاهِ ایمِنی
اُتوبوس ○	○ قَطار
دوچَرخه ○	○ ایستگاه

3. Connect each picture to the correct verb.

۳. هر تصویر را به کلمه ی مناسب وصل کن.

 ○   ○ رانَندگی کَرد

 ○   ○ سوار شُدَند

 ○   ○ بِلیط خَرید

 ○   ○ پیاده شُد

 ○   ○ پیاده رَفت

 ○   ○ پَرواز کَرد

۴. جملات به‌هم ریخته را مرتّب کن.

4. Re-arrange the words to create meaningful sentences.

هَر روز/ مَن / با اُتوبوس / می رَوَم. / به مَدرِسه

کُلاهِ ایمِنی / بَرایِ / سَرَم می کُنَم. / دوچَرخه سَواری

هَواپیما / پیاده شُدَند./ مسافِرها / اَز

رَفتَند./ آنها / به پارک / پیاده

شُلوغ / ایستگاه / بود. / خِیلی / قَطار

۵. از روی اعداد زیر به حروف بنویس.

5. Practice writing the words for these numbers.

۳۶	سی و شِش	سی و شِش
۳۷	سی و هَفت	سی و هَفت
۳۸	سی و هَشت	سی و هَشت
۳۹	سی و نُه	سی و نُه
۴۰	چِهِل	چِهِل

۶. نشانه‌ی «ی» در فارسی گاهی صدای «ای» دارد، مثل «سیب»، و گاهی صدای «یِ»، مثل «یک». کلمه‌های زیر را بخوان و با توجّه به صدای «ی» در جدول دسته بندی کن.

6. Letter «ی» in Persian alphabet sounds like «I» in some words like «سیب», and sounds «Y» in words like «یک». Read and sort the words based on the «ی» sound.

ایستگاه هَواپِیما تاکسی قایِق بِلیط

رِیل گَشتی آیِنه ماشین دَریا

«ای» صِدایِ (۱)	«یِ» صِدایِ (۲)

۷. جملات زیر را بخوان و به ترتیب شماره بگذار.

7. Read the sentences and add numbers 1 to 4 to correct the order.

○ آن دُختَربا قَطار به خانه‌یِ دوستَش رَفت.

○ ایستگاهِ هَفتُم پیاده شُد.

○ بِلیطِ قَطار خَرید.

○ دَر ایستگاه سَوارِ قَطار شُد.

8. Tell a fantasy story about travelling to an imaginary city. What type of transportation will you use to get there? How far and where is this city? How many days will it take to get there? Draw what you imagine the people use for transportation inside this city.

۸. درباره‌ی رفتن به یک شهر خیالی داستان بگو و فکر کن که برای رفتن به آنجا از چه وسیله‌ای استفاده می‌کنی؟ این شهر چقدر دور است و کجا قرار دارد؟ برای رسیدن به این شهر خیالی چند روز در راهی؟ یکی از وسایل نقلیه عجیبی که آدم‌های این شهر خیالی استفاده می‌کنند را نقاشی کن.

مشق

۱. متن درس را با صدای بلند بخوان و صدای خود را برای معلّمت ضبط کن.

1. Record your voice as you read the lesson and send the audio file to your teacher.

۲. جای خالی را با کلمات مناسب پر کن.

2. Write your answers in the blanks.

- یِک وَسیله‌یِ نَقلیه که دَر آسِمان پَرواز می‌کُنَد = ________

- یِک وَسیله‌یِ نَقلیه که دَر دَریا حَرِکَت می‌کُنَد = ________

- یِک وَسیله‌یِ نَقلیه که دَر خیابان حَرِکَت می‌کُنَد = ________

- یِک وَسیله‌یِ نَقلیه که بَر رویِ ریل حَرِکَت می‌کُنَد = ________

3. Create a sentence for each pair. ۳. برای هر ترکیب جمله بساز.

بِلیط +

_____

بُزُرگ +

_____

رَفتیم +

_____

ایستگاه +

_____

۴. در هر دسته، دور کلمه‌ای که با بقیّه مربوط نیست خط بکش.

4. In each set, circle the word that is unrelated to others.

⇦	تاکسی	خانه	ماشین	اُتوبوس
⇦	سَوار شُد	پیاده شُد	بِلیط خَرید	نَقّاشی کِشید
⇦	قَطار	ایستگاه	دوربین	بِلیط
⇦	هَواپِیما	فُرودگاه	پَرواز	خیابان

۵. اعداد زیر را به حروف بنویس.

5. Write each number in words.

۳۶	
۳۷	
۳۸	
۳۹	
۴۰	

درس ۱۹ دوستِ صَمیمی

اِسمِ دوستِ خوبِ مَن یارا اَست.

مَن وَ یارا با هم به کِلاسِ فارسی می‌رَویم.

او به خانه‌یِ ما آمَد.

ما با هم مَشقِ کلاسِ فارسی را نِوِشتیم.

بَعد اَز دَرس با یارا طَناب بازی کَردیم.

به فارسی شِمُردیم.

اَمّا فَقَط تا ۳۰ بَلَد بودیم.

آیا می‌دانی؟

دوستِ صَمیمی = بِهتَرین دوست

دوستِ نَزدیک = رَفیق

مَشق = تَکلیف   بَلَد بودیم = می‌دانِستیم

هَمکِلاسی	هَمبازی	آشِنا
مِهرَبانی	مُحَبَّت	صَمیمی
دوستی	رَفیق	بازی
کُمَک	عَلاقه	تَفریح

تمرین

1. Discuss the following questions with your classmates.

۱. در مورد سوالات زیر با همکلاسی‌هایت حرف بزن.

- چَند تا دوستِ صَمیمی داری؟ اِسمِ آنها چیست؟ با آنها کُجا آشِنا شُدی؟
- یِک خُصوصیَّتِ خوبِ دوستِ صَمیمی‌اَت را بِگو.
- چه کارهایی را دوست داری با کمکِ دوستانَت اَنجام بِدَهی؟

2. Discuss the following picture with your classmates.

۲. در مورد تصویر زیر با دوستانت گفتگو کن.

۳. دو قسمت درست هر جمله را مانند مثال به هم وصل کن.

3. Like the example, connect the correct parts to create meaningful sentences.

مَن با یارا +	دوست	زَدَم
	بازی	شُدَم
	حَرف	هَستَم
	هَمکِلاسی	گَردَم

۴. جملات به‌هم ریخته را مرتّب کن.

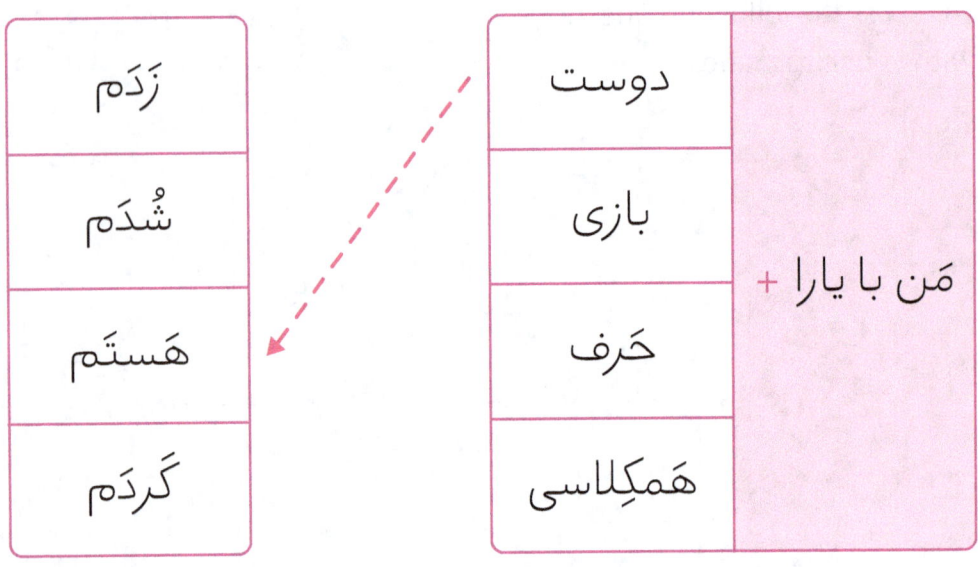

4. Re-arrange the words to create meaningful sentences.

حَرف زَدیم. / با هَمکِلاسی / ما / جَدید

____

کِلاسِ ما / اَست. /مُعَلِّم / مِهرَبان

____

دَر مَدرِسه / مَن / آشِنا شُدَم. / با / دوستَم

____

یارا / بازی کَردَم. / مَن / فوتبال / با

5. Read the words and use color red to circle the ones with letter «د» and color blue to circle the ones with letter «ژ».

۵. دور کلمه‌هایی که حرف «د» دارند خط قرمز و دور کلمه‌هایی که حرف «ژ» دارند خط آبی بکش.

دوست	آژیر	بازی	ژاکَت
دَرس	دوچَرخه	ژِله	ماشین
ژیمناستیک	ژاله	فُرودگاه	حَرف

6. Fill in the blanks using the correct words.

۶. جملات زیر را بخوان و با کلمات مناسب پر کن.

صُحبَت کَرد   کُمَک کَردَم   پِیدا کَرد   بازی کَردیم

- مَن به سارا دَر دَرس‌هایَش ________

- سام دَر مَدرِسه یِک دوستِ جَدید ________

- مَن وَ دوستانَم دَر زَنگِ تَفریح ________

- دوستِ مَن با تی‌تی ________

7. Practice writing numbers 41 to 50.

۷. نوشتن اعداد ۴۱ تا ۵۰ را تمرین کن.

۴۱ ۴۱ ۴۱

۴۲ ۴۲ ۴۲

۴۳ ۴۳ ۴۳

۴۴ ۴۴ ۴۴

۴۵ ۴۵ ۴۵

۴۶ ۴۶ ۴۶

۴۷ ۴۷ ۴۷

۴۸ ۴۸ ۴۸

۴۹ _ ۴۹ _ ۴۹ _

۵۰ _ ۵۰ _ ۵۰ _

8. To unlock the secret word, follow the clues and add letters to the grid.

۸. به سوالات پاسخ بده و کلمه رمز را پیدا کن.

دَر خانه‌یِ شُماره‌یِ ۱ = حَرفِ دُوُّم اَز کَلَمه‌یِ "بازی"

دَر خانه‌یِ شُماره‌یِ ۲ = حَرفِ آخَر اَز کَلَمه‌یِ "گَردِش"

دَر خانه‌یِ شُماره‌یِ ۳ = حَرفِ آخَر اَز کَلَمه‌یِ "مِهرَبان"

دَر خانه‌یِ شُماره‌یِ ۴ = حَرفِ سِوُّم اَز کَلَمه‌یِ "کِلاس"

۴	۳	۲	۱

کَلَمه‌یِ رَمز؟ ________

مشق

۱. متن درس را با صدای بلند بخوان و صدای خود را برای معلّمت ضبط کن.

1. Record your voice as you read the lesson and send the audio file to your teacher.

۲. اعداد قبل و بعد از اعداد زیر را بنویس.

2. Write the numbers that come before and after.

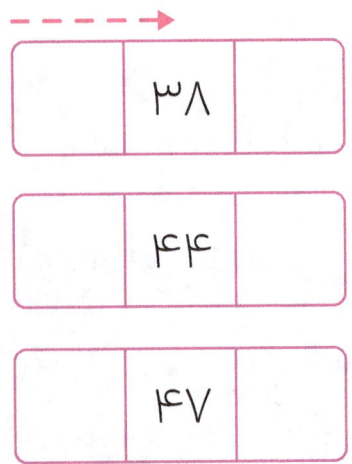

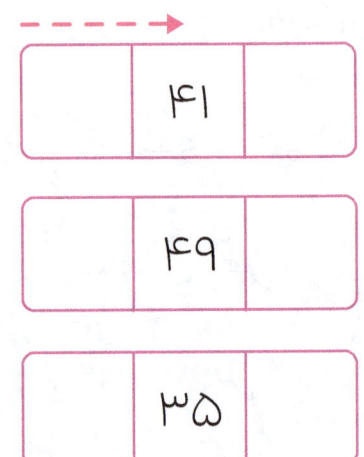

	۴۱	
	۴۹	
	۳۵	

	۳۸	
	۴۴	
	۴۷	

۳. در هر دسته، دور کلمه‌ای که به موضوع مربوط نیست خط بکش.

3. Circle the word in each set that does not match the category.

دوست	جَدید صَمیمی مِهرَبان کِلاس
بازی	طَناب‌بازی شَطرَنج پَنجَره توپ

۴. قسمت اوّل و دوّم هر جمله را به هم وصل کن.

4. Connect the first and second part of each sentence.

سام وَ دوستَش	○	○	کِتاب می‌خوانَد.
مَن وَ یارا	○	○	دَر مَدرِسه آشنِا شُدَم.
دوستِ جَدیدِ مَن	○	○	فوتبال بازی می‌کُنَند.
دوستَم هَر روز	○	○	پیاده به پارک رَفتیم.
دیروز با هَمکِلاسیِ جَدیدَم	○	○	خِیلی مِهرَبان اَست.

۵. درباره‌ی یکی از دوستانت ۴ جمله بنویس. حدّاقل ۳ تا از کلمه‌های زیر را در نوشته‌ات استفاده کن.

5. Use at least 3 of the following words to write 4 sentences about one of your friends.

صَمیمی   مَدرِسه   بازی   نَزدیک   حَرف

درس ۲۰ دَفتَرِ اِشتِباهی

اِمروز مَن وَ یارا دَر کِلاس کِنارِ هَم نِشَستیم.

دَفتَر وَ مِدادِ ما مِثلِ هَم بود.

وَقتی به خانه رِسیدَم کیفَم را باز کَردَم.

دو تا دَفتَر تویِ کیفَم بود.

به یارا تِلِفُن کَردَم.

گُفتَم: دَفتَرَت خانه‌یِ ما مِهمانی آمَد.

آیا می‌دانی؟

دانِش آموز = شاگِرد

مِثلِ هَم = مانَندِ هَم = شِکلِ هَم

هر کلمه را بخوان و یک بار بنویس:

کِلاس

حَیاطِ مَدرِسه

زَنگِ تَفریح

تَخته

کِتاب

دَفتَر

کاغَذ

مِداد

پاک‌کُن

مِدادرَنگی

خودکار

جامِدادی

تمرین

۱. تصاویر زیر را نگاه کن و درباره‌ی مدرسه رفتن در جاهای مختلف دنیا با همکلاسی‌هایت حرف بزن.

1. Look at the pictures and discuss schooling in different parts of the world.

۲. هر جمله را به تصویر درست وصل کن.

2. Connect each image to the correct sentence.

○ ○ با مِداد رویِ کاغَذ نِوِشتَم.

○ ○ دَفتَر را تویِ کیف گُذاشت.

○ ○ کِتاب را باز کَرد.

○ ○ مِدادها را دَر جامِدادی گُذاشتَم.

۳. به سوالات پاسخ بده و کلمه‌ی رمز را پیدا کن.

3. To unlock the secret word, follow the clues and add letters to the grid.

دَر خانه‌یِ شُماره‌یِ ۱ = حَرفِ اَوَّل اَز کَلَمه‌یِ "کیف"

دَر خانه‌یِ شُماره‌یِ ۲ = حَرفِ آخَر اَز کَلَمه‌یِ "ساعَت"

دَر خانه‌یِ شُماره‌یِ ۳ = حَرفِ سِوُّم اَز کَلَمه‌یِ "مِداد"

دَر خانه‌یِ شُماره‌یِ۴ = حَرفِ اَوَّل اَز کَلَمه‌یِ "بازی"

۴	۳	۲	۱

کَلَمه‌یِ رَمز؟ _____

۴. شکل درست حرف «ن» را بنویس و کلمه را کامل کن.

4. Write the correct form of letter «ن» to complete each word.

پاک کُ___   ___قّاشی   زَ___گِ تَفریح   مِهرَبا___

زَمی___ بازی   کِتابخا___ه   ___وِشتَ___   خواندَ___

۵. در هر دسته، دور کلمه‌ای که با بقیّه فرق دارد خط بکش.

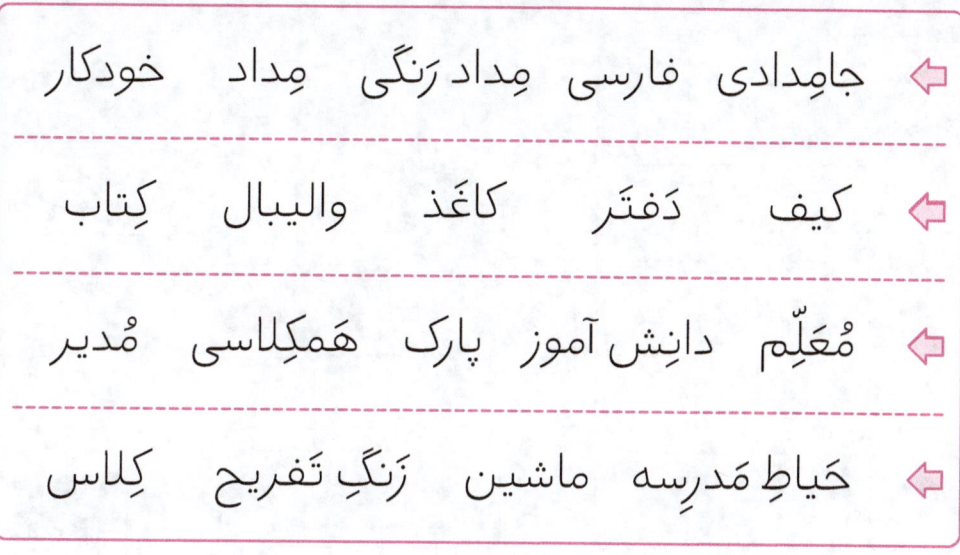

5. In each set, circle the word that is unrelated to others.

- جامِدادی فارسی مِداد رَنگی مِداد خودکار
- کیف دَفتَر کاغَذ والیبال کِتاب
- مُعَلِّم دانِش آموز پارک هَمکِلاسی مُدیر
- حَیاطِ مَدرِسه ماشین زَنگِ تفریح کِلاس

۶. جملات زیر را کامل کن.

6. Complete the following sentences.

- مَدرِسه‌یِ مَن ____________________
- ما دَر زَنگِ تَفریح ____________________
- مَن دَر کِلاسِ ____________________
- مَن بَعد اَز مَدرِسه ____________________

7. Complete the crossword puzzle, using the cluess.

۷. جدول زیر را کامل کن.

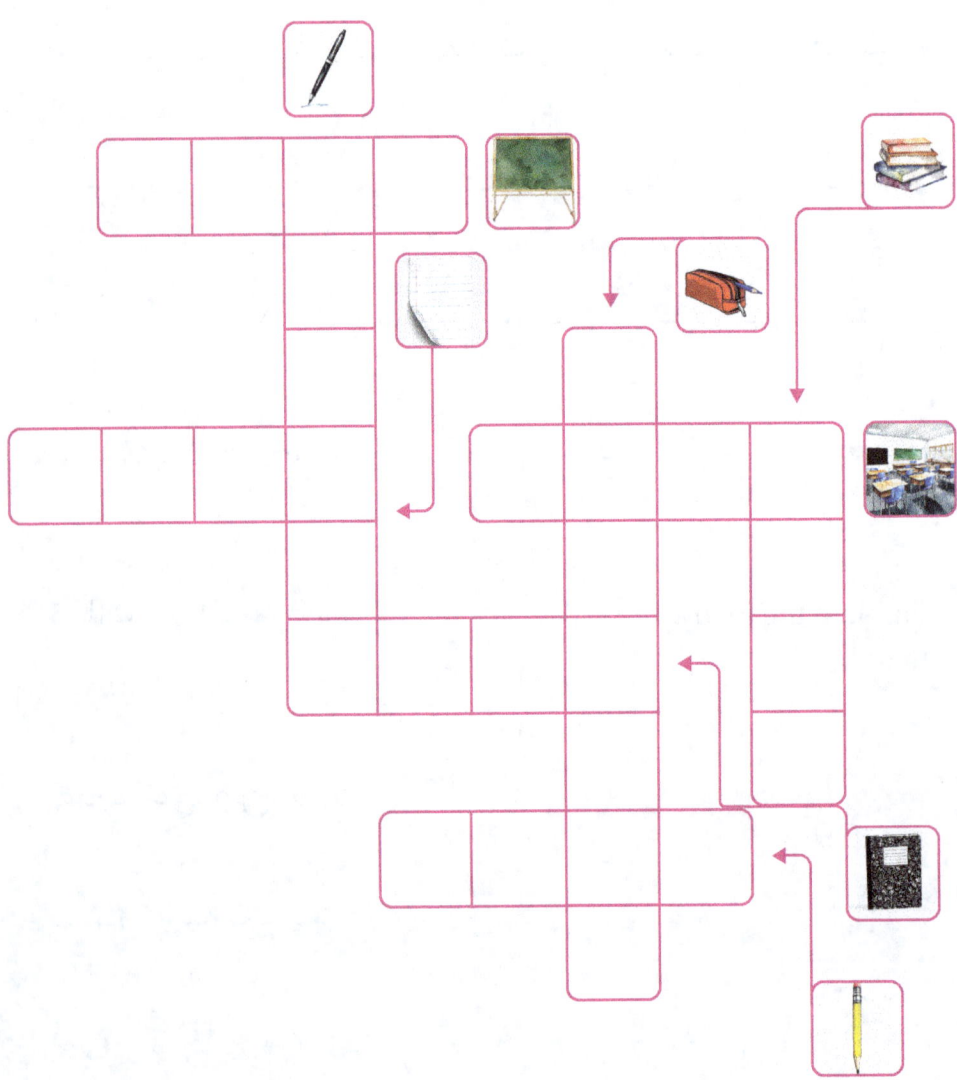

۸. از روی اعداد زیر به حروف بنویس.

8. Practice writing the words for these numbers.

۴۱	چِهِل و یِک	چِهِل و یِک
۴۲	چِهِل و دو	چِهِل و دو
۴۳	چِهِل و سه	چِهِل و سه
۴۴	چِهِل و چهار	چِهِل و چهار
۴۵	چِهِل و پَنج	چِهِل و پَنج
۴۶	چِهِل و شِش	چِهِل و شِش
۴۷	چِهِل و هَفت	چِهِل و هَفت
۴۸	چِهِل و هَشت	چِهِل و هَشت
۴۹	چِهِل و نُه	چِهِل و نُه
۵۰	پَنجاه	پَنجاه

مشق

۱. متن درس را با صدای بلند بخوان و صدای خود را برای معلّمت ضبط کن.

1. Record your voice as you read the lesson and send the audio file to your teacher.

2. Write each number in words.   ۲. اعداد زیر را به حروف بنویس.

	۴۱
	۴۲
	۴۳
	۴۴
	۴۵
	۴۶
	۴۷
	۴۸
	۴۹
	۵۰

3. Write the correct word in the blank.

۳. جای خالی را با کلمه‌ی مناسب پر کن.

- مَن دَر ______ دَر مَدرِسه بازی می‌کُنَم.

(زَنگِ تَفریح - کِتابخانه)

- مَن دَر مدرِسه خواندَن وَ ______ را یاد می‌گیرَم. (هَمکِلاسی - نِوِشتَن)

- ______ مَدرِسه با ما صُحبَت کَرد.

(مُدیر - خَیاط)

- مَن می‌توانَم ______ داستان بِخوانَم.

(دیکته - کِتاب)

4. Write 3 sentences about your school, using at least 3 of the following words.

۴. در مورد مدرسه‌ی خود سه جمله بنویس و حداقل ۳ تا از کلمات زیر را به کار ببر.

شاگِرد   پِسَر   دُختَر   کِلاس   زَنگِ تَفریح

_____

_____

_____

_____

_____

_____

5. Connect the first and second parts of each sentence.

۵. قسمت اوّل و دوّم هر جمله را به هم وصل کن.

مَن هَر شَب ○	○ دَر کیفِ مَدرِسه گُذاشتَم.
مَدرِسه‌یِ ما ○	○ دَر زَنگِ تَفریح بازی کَردیم.
مَن وَ دوستَم ○	○ کتابِ داستانِ فارسی می‌خوانَم.
دَفتَر وَ کِتابَم را ○	○ یِک حَیاطِ بُزُرگ دارَد.

درس ۲۱ سالِ نوِیِ ایرانی

فَردا نوروز اَست.

ما با هَم میزِ هَفت سین را آماده کَردیم.

مامان سُفره‌یِ آبی را آوَرد.

سام سیبِ زَرد را دَر بُشقاب گُذاشت.

بابا گُلِ سُنبُلِ بَنَفش را کِنارِ آیِنه گُذاشت.

او گُفت: ماهیِ قِرمِز نَداریم.

مَن رویِ کاغَذِ سِفید، یِک ماهیِ قِرمِز کِشیدَم.

آن را کِنارِ سَبزه گُذاشتیم.

مامان خَندید وَ گُفت: حالا میزِ هَفت‌سین

کامِل شُد.

آیا می‌دانی؟

کِشیدَم = نَقّاشی کَردَم

عِیدِ نوروز = جَشنِ سالِ نوِیِ ایرانی

هر کلمه را بخوان و یک بار بنویس:

سِفید	سیاه	قِرمِز
بَنَفش	آبی	زَرد
سَبز	صورَتی	نارِنجی
نوروز	سالِ نو	هَفت سین

تمرین

۱. با معلّم و همکلاسی‌هایت درباره‌ی جشن سال نو ایرانی، نوروز، چهارشنبه سوری، و سیزده بدر صحبت کن و سوال‌های زیر را جواب بده.

1. Talk about the Iranian new year celebrations with your classmates and the teacher, then respond to the following questions:

- ایرانی‌ها سالِ نو را دَر چه فَصل وَ روزی جَشن می‌گیرَند؟

- تو وَ خانِواده‌ات بَرایِ عیدِ نوروز چه کارهایی اَنجام می‌دَهید؟

- دوست داری چه چیزی اَز عَمو نوروز عیدی بِگیری؟

۲. اسم رنگها را حدس بزن و کلمات زیر را کامل کن.

2. Guess the name of the color and complete each word.

صورَ_____ بَنَـ_____ قِر_____ سِفـ_____

3. Fill in the missing numbers, from smallest to largest.

۳. جدول اعداد را کامل کن.

۴۱									۵۰

4. Write the name of each Haftseen item. Then use your own creativity to draw a Haftseen table.

۴. اسم هر کدام را بنویس و به سلیقه‌ی خودت، یک سفره‌ی (میز) هفت‌سین نقّاشی کن.

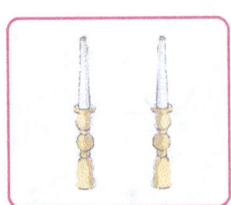

5. Write the words for colors in blanks to complete the following sentences about auntie Lily's Haftseen table.

۵. در جاهای خالی اسم رنگ‌ها را بنویس و جملات زیر را درباره‌ی سفره هفت سین خاله لیلی کامل کن.

- خاله لیلی یک سیب ______ رویِ میز گُذاشت.

- سَبزه‌ها ______ وَ بُلَند بودَند.

- سُنبُلِ ______ را کِنارِ سِرکه گُذاشت.

- تُخمِ مُرغ‌ها را ______ و ______ رَنگ کَرد.

- آینه وَ شَمع را کِنارِ کاسه‌یِ ماهی ______ گُذاشت.

6. Connect the first and second parts of each sentence.

۶. قسمت اوّل و دوّم هر جمله را به هم وصل کن.

مامان هَفت سین ⬤   ⬤ رَنگ کَردیم.

به ماهیِ قِرمِز ⬤   ⬤ دَر بُشقاب گُذاشت.

سام سیب‌ها را ⬤   ⬤ دَر گُلدان گُذاشت.

بابا سُنبُلِ بَنَفش را ⬤   ⬤ غَذا دادَم.

مَن وَ سام تُخمِ مُرغ‌ها را ⬤   ⬤ را رویِ میز آماده کَرد.

۷. به عمو نوروز کمک کن تا در هر
ردیف دور تصویری که صدای اوّل آن
با بقیه فرق دارد خط بکشد.

7. Help Amoo Nowruz to find the
word in each set that is unrelated
to the others.

میوه	سیر	سُماق	سِنجِد	⇦
سِکّه	سَبزه	شُکُلات	سَمَنو	⇦
سُنبُل	آجیل	سیب	سِرکه	⇦

مشق

۱. متن درس را با صدای بلند بخوان
و صدای خود را برای معلّمت
ضبط کن.

1. Record your voice as you read the
lesson and send the audio file to
your teacher.

2. Write a sentence, using each pair of words.

۲. با ترکیبات زیر جمله بنویس.

سُفره	هَفت سین
عِید	نوروز
ماهی	قِرمِز
سیب	زَرد

3. Complete the crossword puzzle,
using the clues.

۳. جدول زیر را کامل کن.

۴. جاهای خالی را با کلمات زیر پر کن.

4. Fill in the blanks using the correct words.

چهارشَنبه سوری	نوروز	سِکّه

- ایرانیان دَر ________ اَز رویِ آتش می‌پَرَند.
- روزِ اَوَّلِ بَهار دَر ایران ________ اَست.
- بابابُزُرگ یِک ________ به مَن عِیدی داد.

۵. خانه‌های جدول را با اضافه کردن ۵ تا به هر عدد از ۵ تا ۵۰ پر کن.

5. Add 5 to each number to fill in the table from 5 to 50.

۵	۱۰		۲۰	
	۳۵			۵۰

درس ۲۲ فَصل‌ها

اِمروز بابا اَز مَن پُرسید: کُدام فَصل را بیشتَر دوست داری؟

گُفتَم: بَهار، چون نوروز می‌آیَد وَ عِیدی می‌گیرَم.

سام گُفت: زِمِستان، چون بَرف‌بازی می‌کُنیم.

مامان گُفت: پاییز، چون بَرگ‌ها زَرد وَ نارِنجی می‌شَوَند.

بابا گُفت: تابِستان، چون دَر هَوایِ گرم آب‌بازی می‌کُنیم.

خَندیدَم وَ گُفتَم: ما خانِواده‌یِ چهار فَصل هَستیم.

آیا می‌دانی؟	سَرد = خُنَک	گرم = داغ

هر کلمه را بخوان و یک بار بنویس:

بَهار

تابِستان

پاییز

زِمِستان

یَخبَندان

آفتابی

سال

ماه

هَفته

خُنَک

فَصل

هَوا

تمرین

1. Read and answer the questions. ۱. بخوان و جواب‌هایت را بنویس.

- هَر سال چهار فَصل وَ هَر فَصل سه ماه دارَد.
- فَصل‌هایِ سال بَهار، تابِستان، پاییز وَ زِمِستان هَستَند.
- کُدام فَصل را دوست داری؟
- تَوَلُّدَت دَر کُدام فَصل سال اَست؟

۲. جاهای خالی را با کلمه‌های مناسب مربوط به فصل‌ها و طبیعت پر کن.

2. Complete each sentence, using words related to the seasons and nature.

- مَن وَ دوستَم دَر اِستَخر ____________

- دیروز بَرف آمَد وَ ما ____________

- اِمروز هَوا بَرایِ پیک‌نیک ____________

- مَن اَز دِرَخت سیب ____________

- مامان چَتر بَرداشت چون ____________

- دِرَختِ حَیاطِ ما دَر فَصلِ بَهار ____________

۳. شکل درست حرف «ف» را بنویس و کلمه را کامل کن.

3. Write the correct form of letter«ف» to complete each word.

__ صل	شُکو __ ه	آدَم بَر __ ی
بَر __ بازی	مُسا __ رَت	سِـ __ ـید

4. Connect each word to the
related season.

۴. کلمات مرتبط را به هر فصل
وصل کن.

شِنا	شُکوفه	باران	اِسکی

○ ○ ○ ○

○ ○ ○ ○

زِمِستان	پاییز	تابِستان	بَهار

○ ○ ○ ○

○ ○ ○ ○

برگِ زرد	گَرم	نوروز	آدَم بَرفی

۵. کلمات زیر را در جدول پیدا کن.

5. Find the following words in the letter grid.

فَصل سال بَهار تابِستان پاییز

زِمِستان سَرد گرم خُنَک هَوا

ز	ی	ی	ا	پ	ف	گ
م	ب	ک	ن	خ	ص	ر
س	ه	د	ر	س	ل	م
ت	ا	ت	ع	ا	و	ه
ا	ر	س	ا	ل	س	ز
ن	ا	ت	س	ب	ا	ت

۶. در هر دسته، دور کلمه‌ای که به موضوع مربوط نیست خط بکش.

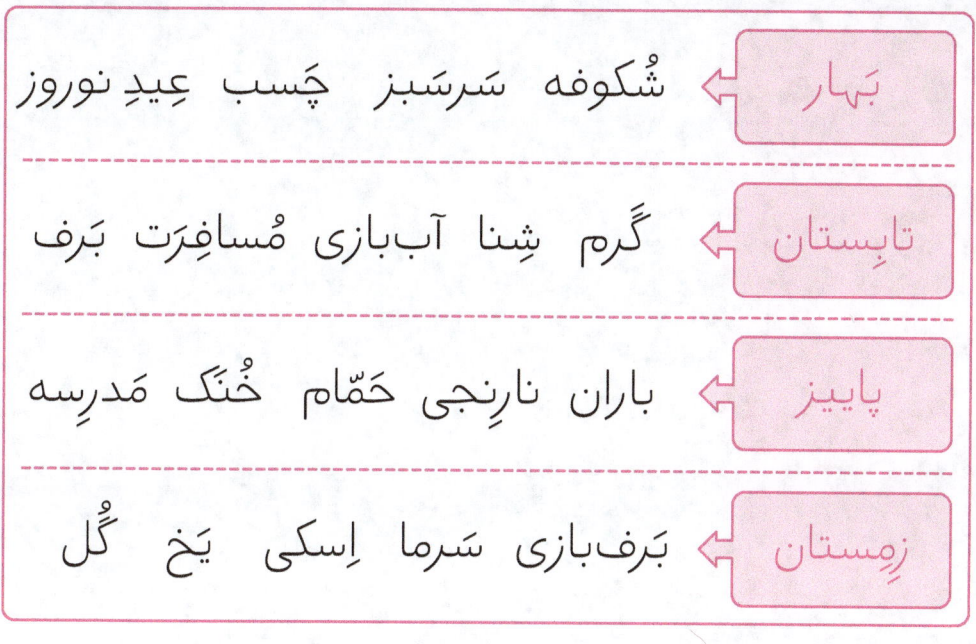

6. In each set, circle the word that is unrelated to the topic.

بَهار	شُکوفه سَرسَبز چَسب عِیدِ نوروز
تابِستان	گرم شِنا آب‌بازی مُسافِرَت بَرف
پاییز	باران نارِنجی حَمّام خُنَک مَدرِسه
زِمِستان	بَرف‌بازی سَرما اِسکی یَخ گُل

۷. قسمت اوّل و دوّم هر جمله را به هم وصل کن.

7. Connect the first and second parts of each sentence.

دَر تابِستان ○	○ هَوا تازه وَ خُنَک اَست.
دَر بَهار ○	○ هَوا بَرفی وَ یَخبَندان اَست.
دَر پاییز ○	○ هَوا گرم وَ آفتابی اَست.
دَر زِمِستان ○	○ هَوا سَرد وَ بارانی اَست.

8. Practice writing numbers 10 to 70 in multiplies of 10.

۸. نوشتن اعداد ۱۰ تا ۷۰ را تمرین کن.

۱۰ _ ۱۰ _ ۱۰ _

۲۰ _ ۲۰ _ ۲۰ _

۳۰ _ ۳۰ _ ۳۰ _

۴۰ _ ۴۰ _ ۴۰ _

۵۰ _ ۵۰ _ ۵۰ _

۶۰ _ ۶۰ _ ۶۰ _

۷۰ _ ۷۰ _ ۷۰ _

مشق

۱. متن درس را با صدای بلند بخوان و صدای خود را برای معلّمت ضبط کن.

1. Record your voice as you read the lesson and send the audio file to your teacher.

۲. یکی از فصل‌های سال را انتخاب کن و چهار جمله درباره‌ی آن بنویس و نقّاشی کن.

2. Draw a picture and write 4 sentences about one of the seasons.

۳. با ترکیب کلمات زیر جمله بساز.

3. Write a sentence for each pair of words.

زِمِستان	بَرف‌بازی
تابِستان	شِنا
پاییز	باران
بَهار	شُکوفه

۴. جدول زیر را با اضافه کردن ۱۰ به هر عدد، از ۱۰ تا ۷۰، پر کن.

4. Add 10 to each number to fill the table from 10 to 70.

→

۱۰			۴۰			۷۰

۵. متن زیر را با اسم فصل‌ها کامل کن.

5. Use words related to seasons to fill in the blanks.

ـ دَر فَصلِ _____ دِرَختان شُکوفه می‌دَهَند.

ـ دَر فَصلِ _____ دَر ساحِل شِن‌بازی می‌کُنیم.

ـ دَر فَصلِ _____ رَنگِ بَرگِ دِرَختان زَرد وَ قِرمِز وَ نارِنجی می‌شَوَد.

ـ دَر فَصلِ _____ بَرف بازی وَ اِسکی می‌کُنیم.

درس ۲۳ دُکتُرِ حِیوان‌ها

بابایِ یارا دامپِزِشک اَست.

او دُکتُرِ حِیوان‌هایِ باغِ وَحش اَست.

او دیروز به مَدرِسه آمَد وَ بَرایِ ما دَربارهِ‌یِ کارَش حَرف زَد.

بابایِ یارا گُفت: یِکی اَز میمون‌ها به اِسمِ رابین دَندان‌دَرد دارَد.

دوستَم گُفت: شایَد رابین دَندان‌هایَش را خوب مِسواک نَکَرد.

مَن گُفتَم: بابایِ مَن دَندانپِزِشک اَست. رابین را زود پیشِ او بِبَریم.

بابایِ یارا خَندید وَ گُفت: دندانپِزِشکِ حِیوان‌ها با آدَم‌ها فَرق دارَد.

دامپِزِشک = دُکتُرِ حِیوانات   دَندانپِزِشک = دُکتُرِ دَندان
کار = شُغل

هر کلمه را بخوان و یک بار بنویس:

پزِشک	پَرَستار	مُعَلِّم
آشپَز	رانَنده	آرایِشگر
پُستچی	مُهَندِس	خَلَبان
عَکّاس	فَضانَوَرد	فُروشَنده

تمرین

۱. با همکلاسی‌هایت صحبت کن و بگو در آینده دوست داری چه شغلی را انتخاب کنی.

1. Talk with your classmates about the job you like to have when you grow up.

۲. جای خالی را با کلمات مناسب پر کن.

2. Fill in the blanks to create meaningful sentences.

مُعَلِّم	آشپَز	خَلَبان
آرایِشگر	فُروشَنده	عَکّاس

- به کَسی که دَرس می‌دَهَد ______ می‌گویَند.
- به کَسی که عَکس می‌گیرَد ______ می‌گویَند.
- به رانَنده‌یِ هَواپِیما ______ می‌گویَند.
- به کَسی که غَذا می‌پَزَد ______ می‌گویَند.
- به کَسی که مو کوتاه می‌کُنَد ______ می‌گویَند.
- به کَسی که دَر فُروشگاه کار می‌کُنَد ______

می‌گویَند.

3. Complete the crossword puzzle, using the clues.

۳. جای خالی را با کلمات مناسب پر کن.

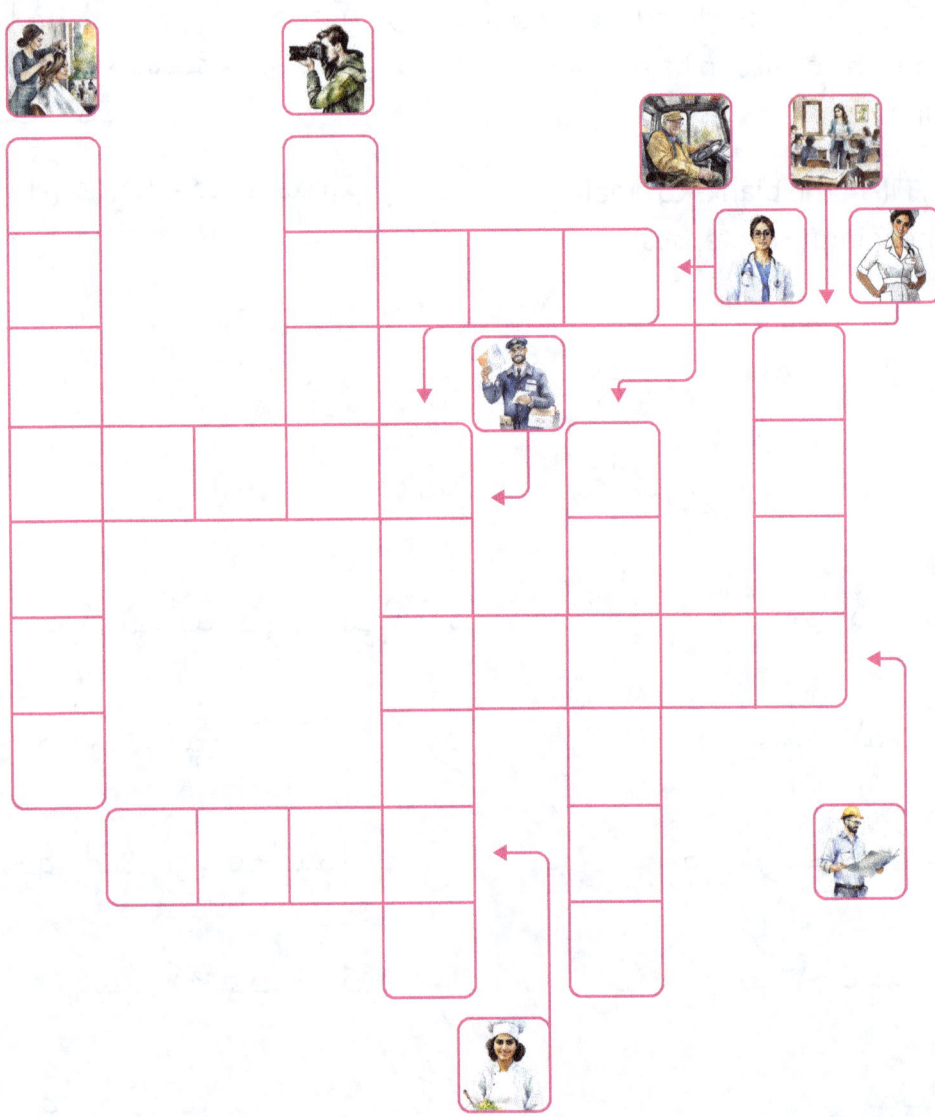

۴. شکل درست حرف «ع» را در جاهای خالی بنویس.

4. Write the correct form of the letter«ع» to create meaningful words.

مُـ ـلِّم   ـگّاس   ـینک   شُرو ـ

ـلاقه   سا ـت   ـمو   ـسَل

۵. جواب درست را انتخاب کن و در جای خالی بنویس.

5. Write the correct word in the blanks.

- دَندان‌هایِ خَرابِ ما را دُرُست می‌کُنَد ________ .

(دَندانپِزِشک - مُهَندِس)

- نامه‌هایِ ما را به دَستِ ما می‌رِسانَد ________ .

(پُستچی - فُروشَنده)

- سَوارِ موشَک می‌شَوَد وَ به فَضا سَفَر می‌کُنَد.

________ (فَضانَوَرد - خَلَبان)

- به دُکتُر کُمَک می‌کُنَد تا بیماران را خوب کُنَد.

________ (پَرَستار - مُعَلِّم)

6. Create a comic strip, using the frames below, to show a fictional story about jungle animals that hold jobs. What jobs would you give each animal? Write their Persian conversations in speech bubbles.

۶. یک داستان تخیلی درباره‌ی حیوانات جنگل بساز که در آن، هر کدام از حیوان‌ها یک شغل دارند. نقاشی داستان را بکش و صحبت‌های حیوان‌ها را به فارسی بنویس.

۷. کلمات مرتبط را به هر شغل وصل کن.

7. Connect the words that are related to each job.

دامپِزشک ○	○ هَواپِیما
عَکّاس ○	○ غَذا
خَلَبان ○	○ حِیوان
پُستچی ○	○ کِتاب
فَضانَوَرد ○	○ دوربین
مُعَلِّم ○	○ نامه
آشپَز ○	○ موشَک

8. Practice writing numbers 80, 90, 100.

۸. از روی اعداد ۸۰, ۹۰, ۱۰۰ بنویس.

مشق

1. Record your voice as you read the lesson and send the audio file to your teacher.

۱. متن درس را با صدای بلند بخوان و صدای خود را برای معلّمت ضبط کن.

2. Add 10 to each number to fill the table from 50 to 100.

۲. جدول زیر را با اضافه کردن ۱۰ به هر عدد، از ۵۰ تا ۱۰۰، پرکن.

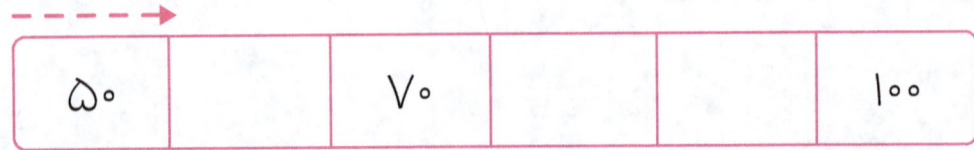

۵۰		۷۰			۱۰۰

۳. در هر دسته، دور کلمه‌ای که با بقیه مربوط نیست خط بکش.

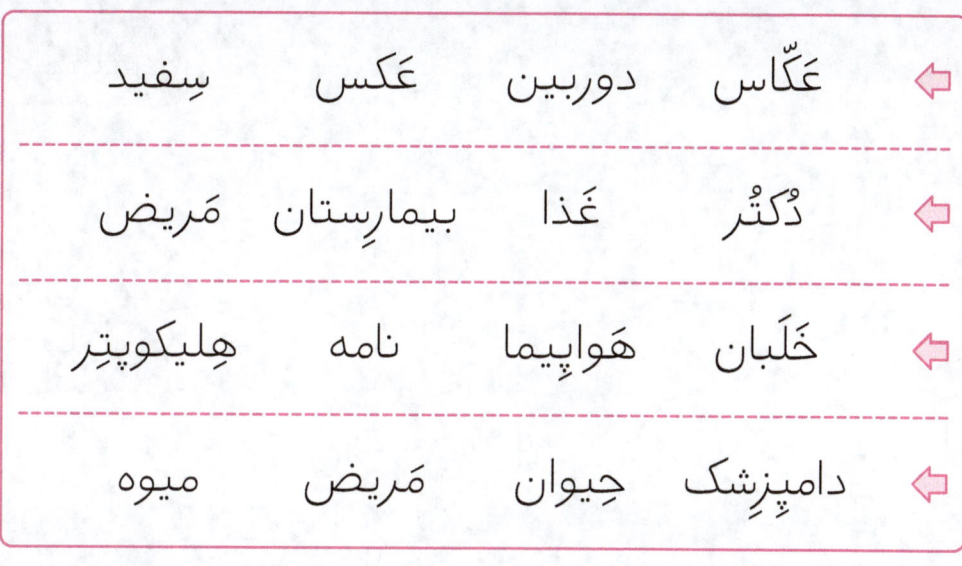

3. In each set, circle the word that is unrelated to the topic.

عَکّاس	دوربین	عَکس	سِفید
دُکتُر	غَذا	بیمارِستان	مَریض
خَلَبان	هَواپیما	نامه	هِلیکوپتِر
دامپِزِشک	حِیوان	مَریض	میوه

۴. جملات زیر را با اسم شغل ها کامل کن.

4. Use words related to jobs to fill in the blanks.

- عَمویِ سام ________ اَست او دَر فُروشگاه کار می‌کُنَد.

- اِمروز ________ یِک بَسته بَرایِ ما آوَرد.

- وقتی سَوارِ اُتوبوس شُدم، به ________ سَلام کَردم.

- بَعد اَز ناهار اَز ________ بَرایِ غَذایِ خوشمَزه تَشَکُّر کَرد.

۵. با کلمات زیر جمله بساز.

5. Write a sentence for each word.

مُعَلِّم

خَلَبان

شُغل

فَضانَوَرد

دامپِزِشک

اِمروز مامان شیرین لِباس‌هایَش را دَر چَمِدان گُذاشت.

اَز او پُرسیدَم: کُجا می‌رَوی؟

گُفت: فَردا با هَواپِیما به ایران می‌رَوَم.

پُرسیدَم: هَفته‌یِ بَعد بَرمی‌گَردی؟

مامان شیرین نَقشه را آوَرد. او ایران را نِشان داد.

گُفت: نِگاه کُن! ایران اَز اینجا خِیلی دور اَست.

مَن گُفتَم: پَس مَن را هَم با چَمِدانَت بِبَر.

او خندید وَ گُفت: زود بَرایِ تَوَلُّدَت بَرمی‌گَردَم.

آیا می‌دانی؟ دُنیا = جَهان مَردُم = آدَم‌ها

هر کلمه را بخوان و یک بار بنویس:

کُره زَمین

دُنیا

کِشوَر

نَقشه

مُسافِرَت

چَمِدان

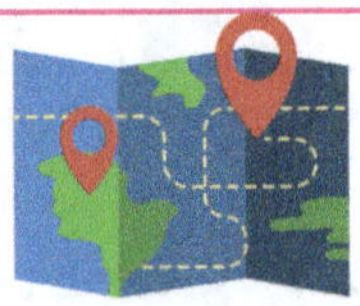

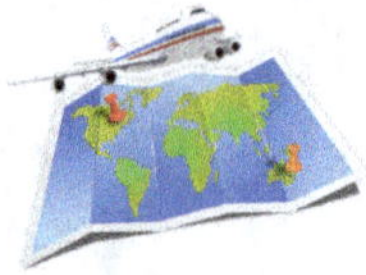

شَهر

گَردِش

مَردُم

دیر

زود

بِه‌موقِع

تمرین

۱. درباره‌ی آخرین مسافرتی که رفتی با همکلاسی‌هایت صحبت کن و سوال‌های زیر را جواب بده.

1. Talk with your classmates about the last trip you took and answer the following questions.

- آیا تا به حال به کِشوَرِ دیگری سَفَر کرده‌ای؟
- چه چیزِ جَدیدی دَر این سَفَر دیدی؟
- دوست داری به کُجاها سَفَر کُنی؟

۲. جملات زیر را بخوان و کنار جمله‌های درست علامت بزن.

2. Read the sentences and add a (✓) mark next to the sentences that are correct.

○ دَر دُنیا کِشوَرهایِ زیادی هَست.

○ دَر کِشوَر شَهرهایِ زیادی هَست.

○ دَر شَهرها آدَم‌هایِ زیادی زِندِگی می‌کُنَند.

○ شَهر اَز کِشوَر بُزُرگتَر اَست.

3. Connect the first and second parts of each sentence.

۳. قسمت اوّل و دوّم هر جمله را به هم وصل کن.

آنها به‌موقِع	○	○	رویِ نَقشه دیدَم.
شَهرِ تِهران	○	○	به فُرودگاه رِسیدیم.
ایران را	○	○	به ایستگاه رِسیدَند.
دَر تابِستان	○	○	دَر کِشوَرِ ایران اَست.
ما دیر	○	○	مَردُم به مُسافِرَت می‌رَوَند.

4. With the help of your teacher and classmates, find the country of Iran on the world map.

۴. با کمک معلّم و همکلاسی‌هایت کشور ایران را روی نقشه پیدا کن.

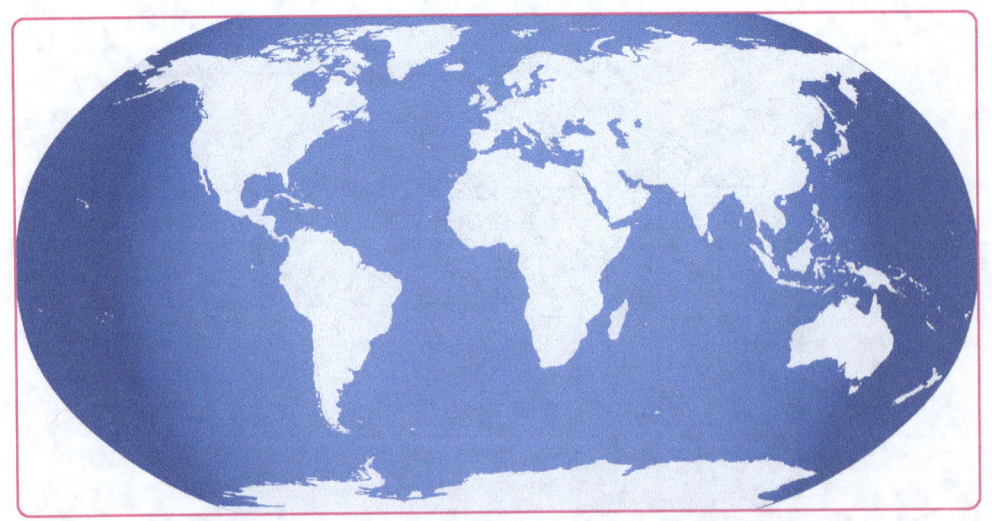

5. Write the correct form of letter «ب» to complete each word.

۵. کلمات زیر را با شکل درست «ب» کامل کن.

_ موقِع ـه _ لیط _ یست

اَسـ _ آ _ شار خَلَـ _ ان

6. Circle the correct number.

۶. دور عدد درست خط بکش.

۳۰	۳۴	۱۲	سی و چهار ←
۷۰	۱۷	۸۰	هَفتاد ←
۳۲	۲۰	۱۲	دَوازدَه ←
۱۹	۲۹	۹۰	بیست و نُه ←
۳۴	۲۴	۴۴	چِهِل و چهار ←

۷. جای خالی را با کلمه مناسب پر کن.

7. Write the correct word to create a meaningful sentence.

- یارا وَ خانِواده‌اَش بَرایِ ________ به ایران می‌رَوَند.

- او لِباس‌هایَش را دَر ________ گُذاشت.

- مامان اَز رویِ ________ کِشوَرِ ایران را نِشان داد.

- آنها با ________ سَفَر می‌کُنَند.

۸. کلمات زیر را در جدول پیدا کن.

8. Find each word in the following letter grid.

کِشوَر	شَهر	نَقشه
ایران	چَمِدان	دُنیا

ن	ا	د	م	چ
ک	ی	ن	ن	ب
ش	ر	ی	ق	ک
و	ا	ا	ش	م
ر	ن	ر	ه	ش

مشق

۱. متن درس را با صدای بلند بخوان و صدای خود را برای معلّمت ضبط کن.

1. Record your voice as you read the lesson and send the audio file to your teacher.

۲. به تصویر نگاه کن و ۳ جمله درباره‌ی آن بنویس.

2. Look at this picture and write a short story about it (at least 3 sentences).

3. Write before and after each number.

۳. اعداد قبل و بعد هر عدد را بنویس.

	۱۳	
	۱۷	
	۴۲	

	۲۸	
	۳۳	
	۴۹	

4. In each set, circle the word that is unrelated to the topic.

۴. در هر دسته، دور کلمه‌ای که با بقیه مربوط نیست خط بکش.

چَمِدان	هَواپیما	بِلیط	باران
دُنیا	شَهر	صُبح	کِشوَر
نَقشه	دَستکِش	کوه	جَنگل
مُسافِرَت	گَردِش	فَصل	سَفَر

5. Write a sentence for each pair of words.

۵. با ترکیب کلمات زیر جمله بنویس.

به‌موقِع	فُرودگاه
کِشوَر	نَقشه
مُسافِرَت	شَهر

درس ۲۵ رَنگین‌کَمان

اِمروز کَمی باران آمَد.

اَمّا زود اَبرها کِنار رَفتَند.

ما به حَیاط رَفتیم.

سام آسِمان را نِشان داد وَ گُفت: رَنگین‌کَمان!

مامان گُفت: وَقتی که خورشید وَ باران با هَم دَر آسِمان باشَند رَنگین‌کَمان دُرُست می‌شَوَد.

اَز مامان پُرسیدَم: رَنگین‌کَمان به خانه‌یِ مامان شیرین دَر ایران می‌رِسَد؟

آیا می‌دانی؟ باران آمَد = باران بارید

هر کلمه را بخوان و یک بار بنویس:

خورشید

ماه

سِتاره

جَنگل

کوه

دَریا

رودخانه

رَعد وَ بَرق

رَنگین‌کَمان

آتش

سَنگ

ساحِل

تمرین

۱. سوال‌های زیر را بخوان و جواب بده.

1. Read and answer the following questions.

- چه‌موقع رَنگین‌کَمان در آسِمان دُرُست می‌شَوَد؟
- آیا تا به حال به کَمپ رَفتی؟ خاطره‌یِ آن را بَرایِ هَمکلاسی‌هایَت تَعریف کُن.
- اَگر خودت کَمپ نَرَفتی، به تَصویرِ زیر نِگاه کُن و دَرباره‌یِ آن یِک داستان بِگو.

2. Connect each picture to the correct weather condition.

۲. هرتصویر را به کلمه‌ی درست وصل کن:

○   ○   هَوایِ آفتابی

○   ○   هَوایِ اَبری

○   ○   هَوایِ بارانی

○   ○   هَوایِ بَرفی

۳. شکل درست صدای «آ» را در کلمات زیر بنویس.

3. Write the correct form of the letter «آ» to complete each word.

___سِمان بار___ن ___تَش هَو___

___بی بـ___د ___فتاب مـ___ه

سـ___حل سِتـ___ره رَنگین کَمـ___ن

۴. کلمه‌های مربوط به هر تصویر را در جدول بنویس.

4. Sort the words under related pictures.

ساحِل	شَب	رَعد وَ بَرق
دریا	ستاره	باران
ماه	باد	آب

5. Complete the crossword puzzle, using the clues.

۵. جدول زیر را کامل کن.

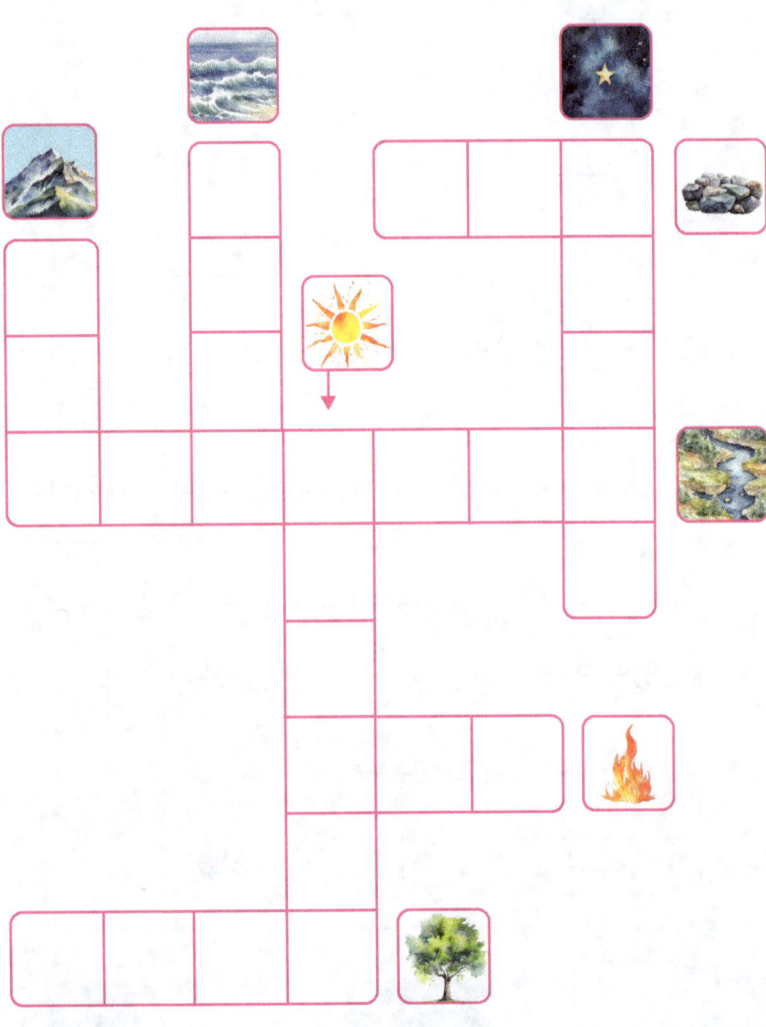

6. Write numbers from 20 to 30.

۶. اعداد ۲۰ تا ۳۰ را به ترتیب بنویس.

7. Connect the first and second parts of each sentence.

۷. قسمت اوّل و دوّم هر جمله را به هم وصل کن.

مَن اَز صِدایِ ○	○ رَنگین‌کَمان دیدَم.
بَعد اَز باران ○	○ پُر اَز سَنگ بود.
آن دِرَخت ○	○ رَعد وَ بَرق تَرسیدَم.
ساحِلِ دَریا ○	○ خِیلی بُلَند اَست.

8. Write three sentences about this image, using at least three of the following words.

۸. سه جمله در مورد عکس زیر با به کار بردن سه تا از کلمات زیر بنویس.

سَنگ   جَنگَل   پَرَنده   دِرَخت   خورشید

۱. متن درس را با صدای بلند بخوان و صدای خود را برای معلّمت ضبط کن.

1. Record your voice as you read the lesson and send the audio file to your teacher.

۲. جملات زیر را با کلمه مناسب پر کن.

2. Fill the blanks using words related to nature.

- پَرَنده دَر ______ پرواز می‌کُنَد.
- دیروز ______ بارید وَ زَمین سِفید شُد.
- شَب‌ها ______ وَ ______ دَر آسِمان می‌بینیم.
- اِمروز هَوا ______ وَ گرم اَست.
- پَروانه‌ای زیبا رویِ ______ نِشَست.

۳. جدول اعداد را کامل کن.

3. Fill in the missing numbers, from smallest to largest.

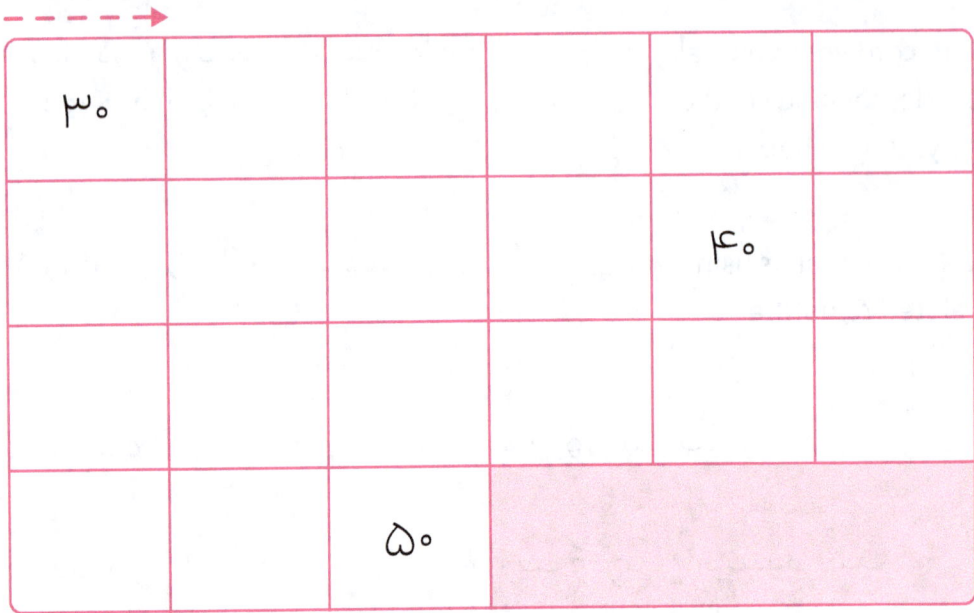

۳۰					
				۴۰	
		۵۰			

۴. در هر دسته، دور کلمه‌ای که با بقیه مربوط نیست خط بکش.

4. In each set, circle the word that is unrelated to the topic.

⇦ باران — باد — خیابان — بَرف — اَبر

⇦ سِتاره — خورشید — ماه — آسِمان — گُل

⇦ ساحِل — کاسه — دَریا — شِن — ماسه

⇦ گُل — دِرَخت — آبی — بَرگ — سَبزه

5. Create a sentence for each pair of words.

۵. با ترکیب کلمات زیر جمله بنویس.

رَعد وَ بَرق	صِدا
باران	رَنگین کَمان
ساحِل	دَریا
جَنگل	دِرَخت

روز آخر
مدرسه
فارسی

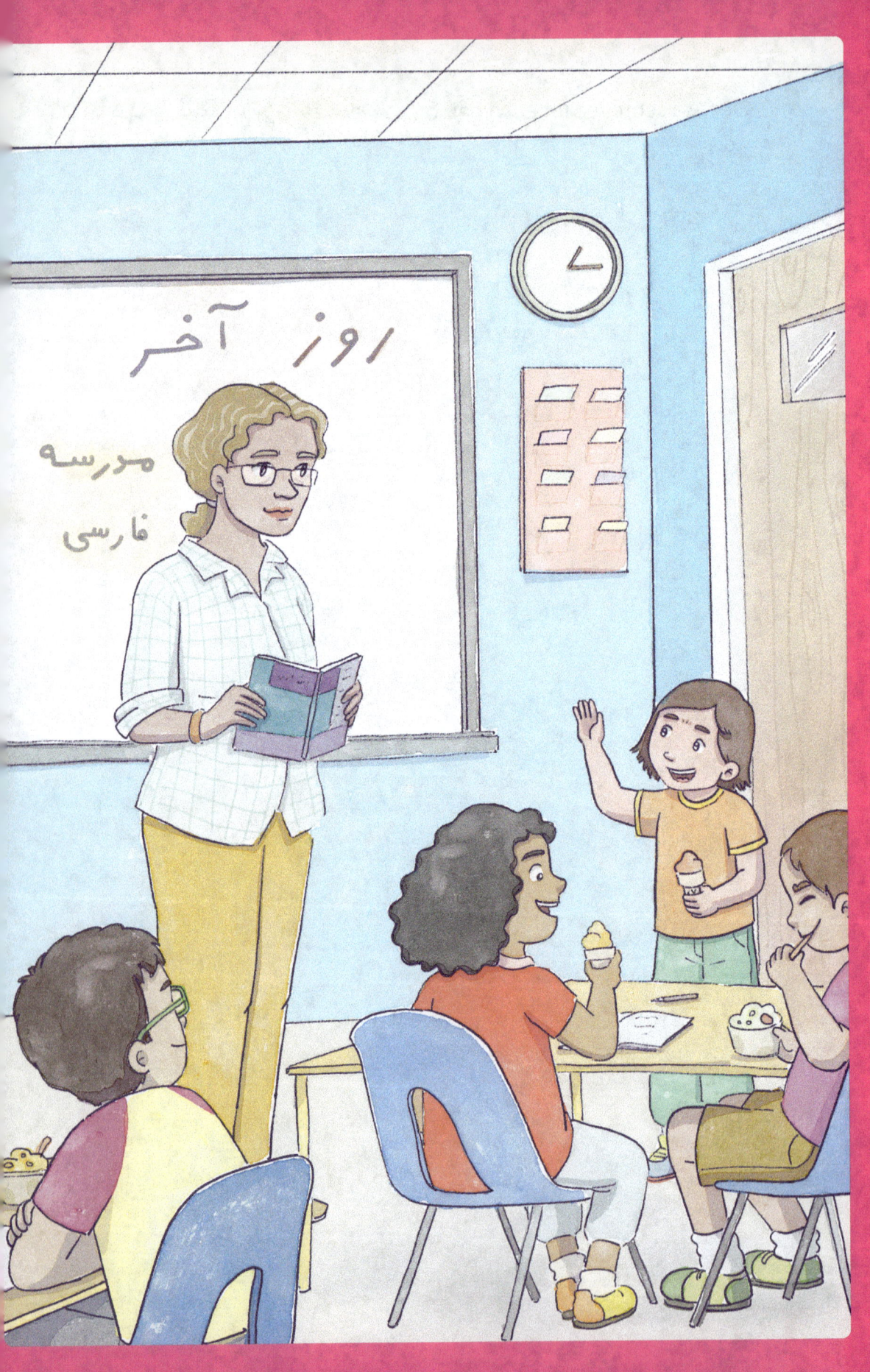

درس ۲۶ روزِ آخَرِ مَدرِسه

اِمروز آخَرین روزِ مَدرِسه فارسی بود.

ما کِتابِ فارسی را تَمام کَردیم.

ما دَر کِلاس جَشن گِرِفتیم وَ بَستَنی خوردیم.

آموزِگار به ما گُفت: حالا بِهتَر اَز قَبل فارسی می‌خوانید وَ می‌نِویسید.

او اَز ما پُرسید: شُما دَر خانه فارسی حَرف می‌زَنید؟

مَن گُفتم: مَن وَ تی‌تی هَمیشه فارسی حَرف می‌زَنیم.

آیا می‌دانی؟

حَرف زَدَ = صُحبَت کَردَ = گُفت

آخَرین روز = روزِ آخَر

پایان = آخَر

پُرسید = سُوال کَرد

هر کلمه را بخوان و یک بار بنویس:

کِتابِ فارسی	زَبانِ مادَری	تَعطیل
خواندَن	نِوِشتَن	صُحبَت کَردَن
گُفتَن	شِنیدَن	پُرسیدَن
فَهمیدَن	یاد گِرِفتَن	یاد دادَن

تمرین

۱. درباره یکی از داستان‌های فارسی که دوست داری با همکلاسی‌هایت حرف بزن.

1. Talk with your classmates about a Persian story that you like.

۲. در هر دسته دور کلمه‌ای که با بقیّه مربوط نیست خط بکش.

2. In each set, circle the word that is unrelated to others.

خَندید	حَرف زَد	صُحبَت کَرد
سوال کَرد	پُرسید	نِوِشت
بِه آخَر رِسید	رَفت	تَمام شُد
گوش کَرد	جَواب داد	شِنید
خورد	فَهمید	مُتِوَجّه شُد

۳. داستان زیر را بخوان و جاهای خالی را با کلمات مناسب پر کن.

3. Use the correct words to fill in the blanks in the following story.

قِیچی   مُحکَم   کاغَذ   حَیاط

آخَرین روز   بادبادَک‌ها   دُرُست کَرد

- دیروز ــــــــــــــ کِلاسِ فارسی بود.

- مُعَلِّم به ما ــــــــــــ ، چوب، ــــــــــــ ،

چَسب وَ نَخ داد.

- هَرکَسی با دوستَش یِک بادبادَک ــــــــــــ .

- هَمه به ــــــــــــ مَدرِسه رَفتیم.

- باد زیاد بود.

ـ مَن نَخِ بادبادَک را _____ نِگه داشتَم.

ـ دَر آسِمانِ مَدرِسه مِهمانی _____ بود.

۴. کلمات زیر را در جدول پیدا کن.

4. Find the following words in the letter grid.

نِوِشت	پُرسید	خواند	فارسی
شِعر	آخَر	دَرس	فَهمید

ف	ن	ط	ا	ف	خ
ه	و	ض	خ	ا	و
م	ش	ع	ر	ر	ا
ی	ت	د	ر	س	ن
د	پ	ر	س	ی	د

۵. جملات به‌هم ریخته را مرتب کن.

5. Order the words to create meaningful sentences.

روز / آخَرین / بود. / اِمروز / مَدرِسه

فارسی / یاد گِرِفتَم. / مَن / خواندَن وَ نِوِشتَن / را

حَرف می‌زَنَد. / با / مَن / فارسی / دوستَم

کِتاب / فارسی / را / ما / تَمام کَردیم.

اَز / مُعَلِّم / سُوال / یِک / پُرسیدَم. / مَن

6. Connect the first and second parts of each sentence.

۶. قسمت اوّل و دوّم هر جمله را به هم وصل کن.

دَر تابِستان مَدرِسه	○	○	خواندَم.
اِمسال خواندَن وَ نِوِشتَنِ فارسی	○	○	یاد دادَم.
زَبانِ مادَریِ سارا	○	○	تَعطیل اَست.
مَن به تی‌تی فارسی حَرف زَدَن	○	○	فارسی اَست.
مَن شِعرِ اَلِفبا را بَرایِ مامان‌بُزُرگ	○	○	یاد گِرِفتیم.

7. Circle the correct number.

۷. دور عدد صحیح خط بکش.

۳۵	چِهِل و پَنج	سی و پَنج	بیست و پَنج
۴۰	چِهِل	چهاردَه	چهار
۱۷	هِجدَه	هَفتاد	هِفدَه
۲۹	نوزدَه	نَوَد	بیست و نُه
۸۰	هَشت	هِجدَه	هَشتاد

8. To unlock the secret word, follow the clues and add letters to the grid.

۸. سوالات را پاسخ بده و کلمه رمز را پیدا کن.

دَر خانه‌یِ شُماره‌یِ ۱   =   حَرفِ اَوَّل اَز کَلَمه‌یِ "فَردا"

دَر خانه‌یِ شُماره‌یِ ۲   =   حَرفِ آخَر اَز کَلَمه‌یِ "پا"

دَر خانه‌یِ شُماره‌یِ ۳   =   حَرفِ دُوُّم اَز کَلَمه‌یِ "پَرواز"

دَر خانه‌یِ شُماره‌یِ ۴   =   حَرفِ آخَر اَز کَلَمه‌یِ "دَرس"

دَر خانه‌یِ شُماره‌یِ ۵   =   حَرفِ سِوُّم اَز کَلَمه‌یِ "پَنیر"

۵	۴	۳	۲	۱

کَلَمه‌یِ رَمز؟ _____

مشق

۱. متن درس را با صدای بلند بخوان و صدای خود را برای معلّمت ضبط کن.

1. Record your voice as you read the lesson and send the audio file to your teacher.

۲. از بهترین روز خود در کلاس فارسی یک خاطره بنویس.

2. Write a few sentences about your best day at your Persian class.

3. Add 10 to each number to fill the table from 10 to 100.

۳. خانه‌های جدول را با اضافه کردن ۱۰ تا به هر عدد از ۱۰ تا ۱۰۰ پر کن.

۱۰			۴۰	
				۱۰۰

4. Draw something about your Persian class.

۴. یک نقّاشی از کلاس فارسی خود بکش.

۵. با ترکیب کلمات زیر جمله بنویس.   5. Write a sentence for each pair of words.

| فارسی | زَبانِ مادَری |

_____

| آخَرین | مَدرِسه |

_____

| شِعر | خواندَم |

_____

| حَرف می‌زَنَد | دوستَم |

_____